Matthias Honerkamp/Martin Jetter
Fliegen mit dem Flight Simulator III/IV

CHIPWISSEN

Matthias Honerkamp/Martin Jetter

Fliegen mit dem Flight Simulator III/IV

Das Flugsimulationsprogramm für
IBM PC/XT/AT, PS/2 und Kompatible

3., erweiterte Auflage

VOGEL BUCHVERLAG
WÜRZBURG

MATTHIAS HONERKAMP,
Jahrgang 1955. Er studierte Maschinenbau an der Technischen Hochschule Darmstadt. Nach dem Vordiplom stieg er auf die Fliegerei um und absolvierte die Verkehrsfliegerschule der Deutschen Lufthansa. Seit 1988 fliegt er als Copilot einen Airbus 310. Mit Mikrocomputern beschäftigt er sich in seiner Freizeit.

Dipl.-Ing. MARTIN JETTER,
Jahrgang 1955. Er absolvierte ein Ingenieurstudium Feinwerktechnik mit Schwerpunkt Informatik/Medizintechnik. In Kelkheim/Ts. betreibt er ein Ingenieurbüro für angewandte Mikroelektronik. Dort befaßt er sich mit der Entwicklung von Hard- und Software, speziell in den Bereichen Sicherheitstechnik, Meßwerterfassung, Prozeßsteuerung und Bildschirmtext.

CIP-Titelaufnahme der Deutschen Bibliothek

Honerkamp, Matthias:
Fliegen mit dem Flight Simulator III/IV: das Flugsimulationsprogramm für IBM PC/XT/AT, PS/2 und Kompatible / Matthias Honerkamp; Martin Jetter. – 3., erw. Aufl. – Würzburg: Vogel, 1990.
(Chip-Wissen)
Früher u. d. T.: Honerkamp, Matthias: Fliegen mit dem Flight Simulator III
ISBN 3-8023-0274-5
NE: Jetter, Martin:

Flight Simulator II, III und IV sind Warenzeichen der Firmen Sublogic und Microsoft.

ISBN 3-8023-0274-5
3. Auflage. 1990

Alle Rechte, auch der Übersetzung, vorbehalten. Kein Teil des Werkes darf in irgendeiner Form (Druck, Fotokopie, Mikrofilm oder einem anderen Verfahren) ohne schriftliche Genehmigung des Verlages reproduziert oder unter Verwendung elektronischer Systeme verarbeitet, vervielfältigt oder verbreitet werden. Hiervon sind die in §§ 53, 54 UrhG ausdrücklich genannten Ausnahmefälle nicht berührt.
Printed in Germany
Copyright 1989 by Vogel Verlag und Druck KG, Würzburg
Umschlaggrafik: Michael M. Kappenstein, Frankfurt (Main)
Herstellung: Alois Erdl KG, Trostberg

Vorwort

«Nur Fliegen ist schöner», so begannen wir in unserem Vorwort zu dem Buch «Fliegen mit dem Mikro», das den Flugsimulator II beschrieb. Fliegen ist zwar immer noch schöner als die Simulation, jedoch wird deren Technik immer komplexer und erlaubt auch aufwendige Simulationen, wie sie in professionellen Flugsimulatoren der neuen Generation zu finden sind.

Aufwendiger und besser wurde auch der Flight Simulator II von Sublogic/Microsoft. Er glänzt mit einer Vielzahl von neuen Funktionen, darunter auch mit einer jetzt möglichen Unterstützung der vollen EGA-Auflösung. Das Programm nennt sich seither Flight Simulator III; es ist auf allen IBM-PC- und PS/2-kompatiblen Systemen lauffähig. Seiner Beschreibung dient dieses Buch. Es soll dabei sowohl dem erfahrenen FS-II-Flieger als Umsteigehilfe dienen als auch dem unerfahrenen Flugsimulationsneuling einen Einstieg in die Fliegerei ermöglichen. Dem alten Hasen wird also zwangsläufig einiges bekannt vorkommen. Um dieses Buch aber auch für ihn und die Gemeinde der Amiga- und Atari-Fans interessant zu machen, widmen wir uns hier noch einigen anderen Neuerungen, die in der Zwischenzeit auf dem Markt zu finden sind.

Die Instrumentenanflüge in Kapitel 11 sind deshalb nicht nur auf die im Lieferumfang des Programms vorhandenen Gebiete bezogen – sie sind in «Fliegen mit dem Mikro» ausführlich beschrieben –, sondern auch auf die neu hinzugekommene San Francisco Area und die mittlerweile erhältliche Scenery disk Europa, die uns Anflüge auf bekannte deutsche bzw. europäische Flughäfen erlaubt. FS-III-User müssen die Scenery disk aber zuerst mit dem beiliegenden Programm CONVERT-S.EXE auf das neue Format umkopieren.

Neu ist auch die Möglichkeit, mit einem Lear Jet durch den elektronischen Luftraum zu knattern – knattern deshalb, weil die Simulation des typischen Jet-Geräusches wohl schlichtweg vergessen wurde – und dabei etwas schneller ans Ziel zu kommen. Deshalb wurde von uns auch auf die Eigenarten der Jet-Fliegerei und der dazugehörenden Aerodynamik eingegangen. Für Überschallfreaks ist der JET-Flugsimulator von Sublogic in der Lage, Landschaftsdisketten des FS II und FS III zu verarbeiten. Deshalb auch ein kurzer Exkurs in die Überschallfliegerei. So hoffen wir, es jedem oder fast jedem recht zu machen.

Jedes Kapitel ist in sich abgeschlossen, so daß Sie z. B. erst mit dem Fliegen beginnen können, um dann zu erfahren, warum Sie ausgerechnet bei diesem leichten Manöver abgestürzt sind.

Computerpiloten, die sich noch nicht den FS III zugelegt haben, weil etwa die notwendige Hardware (EGA und AT-Kompatibler sollten es schon sein) erst am nächsten Geburtstag ins Haus kommt, finden hier einige interessante Anflüge auf europäische Flughäfen. Voraussetzung ist natürlich der Besitz der Scenery disk Europa, die im Fachhandel (z. B. Fa. Rushware, 4044 Kaarst 2) für ca. 50 DM zu haben ist.

Unser besonderer Dank gilt hier erneut der Firma Jeppesen, die uns wieder die notwendigen Luftfahrtkarten zur Verfügung gestellt hat.

Und nun «Hals- und Beinbruch» bzw. «happy landings».

Kelkheim   Matthias Honerkamp/Martin Jetter

Vorwort zur zweiten/dritten Auflage

Als das Manuskript zu diesem Buch abgeschlossen war, waren wir fest der Meinung, für die nächste Zeit mit dem Thema «Flight Simulator» fertig zu sein. Kurz darauf kam die deutsche Version auf den Markt, die für das gleiche Geld sogar mit drei Disketten – nämlich zusammen mit der Scenery Disk Europa – ausgeliefert wurde. Aus diesem Grund haben wir das Manuskript nun der aktuellen deutschen Version angepaßt, sowie einige Korrekturen und Ergänzungen vorgenommen.

Die Möglichkeit des Flight Simulator III, eine fast unbegrenzte Anzahl von Flight Modes und Demos zu erstellen, bot die Chance, diese Modes und Demos zu produzieren, sie auf Diskette zu speichern und Ihnen auf diese Weise alle Beispielanflüge dieses Buches leicht zugänglich zu machen.

Kapitel 14 erklärt detailliert die zusätzlichen Möglichkeiten der neuen Version «Flight Simulator IV».

Kelkheim   Matthias Honerkamp/Martin Jetter

Inhaltsverzeichnis

Vorwort		5
Hinweise zur Benutzung des Buches		15
1 Flugzeugkunde und Aerodynamik		19
1.1	Abmessungen und Besonderheiten	19
1.2	Warum fliegt ein Flugzeug?	22
1.3	Die vier Kräfte am Flugzeug	24
1.4	Trans- und Supersonic	25
2 Die Controls		31
2.1	Allgemeines	31
2.2	Steuerung um die Längsachse	34
2.3	Steuerung um die Querachse	36
2.4	Steuerung um die Hochachse	37
2.5	Auftriebshilfen	39
2.6	Trimmung	41
2.6.1	Rudertrimmung	41
2.6.2	Andere Trimmsysteme	43
3 Der Antrieb		45
3.1	Kolbentriebwerke	45
3.2	Turbinentriebwerke	49
4 Die Instrumente		53
4.1	Doseninstrumente	54
4.1.1	Fahrtmesser (airspeed indicator)	54
4.1.2	Höhenmesser (altimeter)	56

4.1.3		Variometer (vertical speed indicator)	57
4.2		Kreiselinstrumente	58
4.2.1		Künstlicher Horizont (artificial horizon)	58
4.2.2		Kurskreisel (directional gyro)	58
4.2.3		Wendezeiger (turn and bank indicator)	59
4.3		Elektronische Instrumente	60
4.4		Sonstige Instrumente	62
4.4.1		Drehzahlmesser	62
4.4.2		Öldruckmesser	62
4.4.3		Öltemperaturanzeige	62
4.4.4		Kraftstoffanzeige	62
5	**Die Radios**		**63**
5.1		Navigationsempfänger	63
5.1.1		NAV 1	64
5.1.2		NAV 2	65
5.1.3		ADF	65
5.2		Sprechfunk	66
5.3		SSR-Transponder	68
6	**Navigation**		**71**
6.1		Allgemeine Navigation	71
6.2		Funknavigation	74
6.2.1		VOR	74
6.2.2		DME	83
6.2.3		ADF	84
7	**Was ist VFR/IFR?**		**89**
7.1		Eine kurze Gegenüberstellung	89
7.2		VFR mit dem Flugsimulator?	94
7.3		Die Platzrunde	95
8	**Es geht los**		**97**
8.1		Vorbereitung	97
8.2		Taxi, bitte	98
8.3		Pitch und Power	99
8.4		Take Off	102
8.5		Vertrautmachen mit dem Flugzeug	104
8.6		Approach and Landing	108

Inhalt

9	**Instrumentenflugverfahren**	113
9.1	Warteschleifen	113
9.1.1	Einflugmethoden	115
9.2	Anflugrouten	119
9.3	Abflugrouten	121
9.4	Verfahrenskurven	123
9.5	Approaches	126
9.5.1	Non Precision Approaches	126
9.5.2	Precision Approaches	129

10	**Die Flugkarten und ihre Interpretation**	137
10.1	Grundlegendes	137
10.2	Enroute Charts	138
10.3	Approach Charts	140

11	**Die Flugplätze mit Beispielen von Anflügen**	143
11.1	San Jose ILS 12R	146
11.2	Paris Charles de Gaulle ILS 28	149
11.3	London Heathrow ILS 09L	150
11.4	Frankfurt ILS 25L	153
11.5	Nürnberg VOR DME 10	154
11.6	München NDB DME 25L	157
11.7	Stuttgart NDB DME 26	158

12	**Simulationskontrollen**	161
12.1	Modus-Menü – Mode-Menü	163
12.1.1	Normalflug – Normal Flight	165
12.1.2	Fluganalyse – Flight Analysis	165
12.1.2.1	Landeanalyse – Landing Analysis	165
12.1.2.2	Kursplotting – Course Plotting	165
12.1.2.3	Manöveranalyse – Maneuver Analysis	166
12.1.3	Fluganweisungen – Flight Instruction	166
12.1.4	Bordbuchüberblick – Review Logbook	167
12.1.4.1	Bordbuch bearbeiten – Edit Logbook	167
12.1.4.2	Bordbuch verwenden – Logbook Activation	167
12.1.5	Unterhaltung – Entertainment	167
12.1.5.1	Zwei Spieler – Multi Player	167
12.1.5.1.1	ON-LINE	168
12.1.5.1.2	Flugzeug senden – Send Aircraft	168
12.1.5.1.3	Nachrichten/Gespräche – Messages/ Talk to Modem	169

12.1.5.1.4	Wählen – Dial	169
12.1.5.1.5	Auf Läuten warten – Wait for Ring	169
12.1.5.1.6	Farbe ändern – Switch Airplane Color	169
12.1.5.1.7	Autopilot mit anderem Flugzeug gekoppelt – Autopilot	170
	Lock to other Plane	170
12.1.5.1.8	Zwei Spieler beenden – Quit Multi Player	170
12.1.5.1.A	KOM-Anschluß – COM-Port	170
12.1.5.1.B	Baudrate – Baud-Rate	170
12.1.5.2	Formationsfliegen – Flying in Formation	170
12.1.5.3	Sprühfliegen – Crop Duster	171
12.1.5.4	EFIS/CFPD	171
12.1.5.5	1. Weltkrieg Fliegeras – World War 1	171
12.1.6	Demonstration – Demo	171
12.1.7	Ende – Quit	172
12.1.A	Flugzeug – Plane	172
12.1.B	Modus – Mode (Ausgangszustand wählen)	172
12.1.C	Neustart – Reset	173
12.1.D	Modus erstellen – Create Mode	173
12.1.E	Flugzeugbibliothek – Aircraft Library	174
12.1.F	Modusbibliothek – Mode Library	175
12.1.F.1 bis 12.1.F.6:	Verschiedene Modes	175
12.1.F.7	Weitere Modes – See More Modes (Weitere Modes zeigen)	175
12.1.F.8	Modusbericht – Selected Mode Report	175
12.1.F.9	Modus löschen – Delete Selected Mode	175
12.1.F.A	Modusnamen ändern – Change Selected Mode Name	175
12.1.F.B	Empfindlichkeit der Steuerorgane – Use Mode Control Sensitives	176
12.1.F.C	Version-2-Modusdatei von A: laden – Load Version 2 Mode File from A:	176
12.1.F.D	Startmodus auf Diskette speichern – Save Startup Mode to Disk	176
12.1.G	Sofortwiederholung	177
12.1.H	Demo-Aufzeichnung – Demo-Recorder	177
12.1.I	EFIS/CFPD-Anzeige	179
12.2	Sicht-Menü – Views-Menü	180
12.2.1	Auswahl des aktiven Fensters	182

Inhalt

12.2.2	Sichtmodus – Beobachtungsperspektive einstellen	182
12.2.3	Zoom	183
12.2.4	Blickrichtung	183
12.2.5	Achsenanzeiger (Anzeige der Längsachse)	184
12.2.6	Erstes 3-D-Fenster – First 3-D	184
12.2.7	Zweites 3-D-Fenster – Second 3-D	184
12.2.8	Kartenfenster – Map	184
12.2.9	Turmaussicht – Full Screen Tower View (Ansicht vom Kontrollturm aus)	185
12.2.A	Fenster einrichten – Titles on Windows (Überschrift über den Fenstern)	185
12.2.B	Schraffur – Shader	185
12.2.C	Fenster einrichten – Setup Windows	185
12.2.D	Beobachterflugzeug – Set Spot Plane (Relation des Beobachtungsflugzeuges definieren)	186
12.2.D.1	Entfernung – Distance	187
12.2.D.2	Höhe – Altitude	187
12.2.D.3	Priorität – Preference	187
12.2.D.4	Überwechseln – Transition (Trägheit bei einer Kursänderung)	187
12.2.E	Anzeigequalität	188
12.2.E.1.	Flimmergeschwindigkeit	188
12.2.E.2.	Bildkomplexität	188
12.3	Umwelt-Menü – Enviro-Menü	189
12.3.1	Jahreszeit – Season	189
12.3.2	Sterne – Stars	190
12.3.A	Uhr stellen – Time Set	190
12.3.B	Wolken – Clouds	191
12.3.B.1 bis 12.3.B.8		191
12.3.B.9	Gewitter – Thunderstorms	191
12.3.B.B	Bewölkung, Intensität und Verteilung	192
12.3.B.C und 12.3.B.D	Richtung und Geschwindigkeit	192
12.3.C	Wind	192
12.4	Sim-Menü	193
12.4.1	Bodenstruktur – Ground Texture	194
12.4.2	Crash-Erfassung und -Analyse – Detection and Analysis	194

Inhalt

12.4.3	Ton – Sound	195
12.4.4	Pause	195
12.4.5	Auto Coordination	195
12.4.6	Rauchsystem – Smoke System	196
12.4.7	Positionsanzeiger – Control Position Indicator	196
12.4.A	Realität – Realism	196
12.4.A.A	Maschine – Engine	197
12.4.A.B	Höhenruder-Trimmung – Elev(ator) Trim	197
12.4.A.C	Kurskreisel-Abweichung – Gyro Drift	197
12.4.A.D	Glühb. duchbr. – Light Burn	197
12.4.A.E	Drosselklappe – Fast Throttle	198
12.4.A.F	Instrumentenbel. – Instrument Lights	198
12.4.A.G	Barometerabw. – Barometer Drift	198
12.4.B	Zuverlässigkeit – Reliability	198
12.4.C	Instrumente – Partial Panel	199
12.4.D	Maus – Mouse	199
12.4.E	Joystick (Analoger Steuerknüppel)	199
12.4.F	Tastatur – Keyboard Sensitivity	200
12.5	NAV/KOM-Menü – NAV/COM-Menü	201
12.5.1	Szenerie – Scenery	202
12.5.2	Szenerie laden – Scenery load	202
12.5.2.1	Szeneriediskette in Laufwerk A: – Scenery disk in A:	202
12.5.2.2	FS III.00-Standardszenerie – Default	202
12.5.2.x		202
12.5.2.A		203
12.5.3	Kartenanzeige – Map Display	203
12.5.4	Kartennah – Zoom in	203
12.5.5	Kartenfern – Zoom out	203
12.5.6	Autopilot	204
12.5.7	Kommunikation mit Flugverkehrskontrolle – Air Traffic Control Communications	204
12.5.8	EFIS/CFPD-Anzeige – EFIS/CFPD Visuals	204
12.5.9	Grobverstellung – Slew	204
12.5.A	Position einstellen – Position set	205
12.5.B	NAV-Empfänger – NAV Radio	205
12.5.C	KOM-Empfänger – COM Radio	205
12.5.D	Transponder	205
12.5.E	ADF	206
12.5.F	Autopilot einstellen	206

Inhalt 13

12.5.F.1	Längsachsenstabilisator – Wing Leveler	206
12.5.F.2	NAV1-Raste – NAV1 Lock	206
12.5.F.3	Steuerkursraste – Heading Lock	207
12.5.F.4	Höhenraste – Altitude Lock	207
12.5.F.5	Originalautopilot ein/aus – Master Autopilot on/off	207
12.6	Fliegen mit der Maus	207

13 Weitere Möglichkeiten ... 211
13.1	World War 1	211
13.2	Kunstflug	213
13.2.1	Looping	214
13.2.2	Immelmann	215
13.2.3	Hammerhead	217
13.2.4	Split-S	217
13.3	Jet	218
13.4	Navigator	221

14 Fliegen mit dem Flight Simulator IV ... 227
14.1	Mode-Menü	230
14.1.I	Flugzeugkonstruktion – Aircraft Design	231
14.1.I.A	V-Form (Grad) – Dihedral (Degree)	231
14.1.I.B	Spannweite (Feed) – Span in Feed	232
14.1.I.C	Streckung – Aspekt Ratio	232
14.1.I.D	Winglets	232
14.1.I.E	Seitenleitwerk – Tail Area	232
14.1.I.F	Pos. Höhenleitwerk – Horiz. Stab Position	233
14.1.I.G	Fläche Höhenleitwerk – Horiz. Stab Area	233
14.1.I.H	Antrieb – Propulsion	233
14.1.I.I	Motorleistung – Power	233
14.1.I.J	Farbwahl – Color Design	233
14.1.I.K	Zusätzliche Werte – Additional Parameters	234
14.1.I.K.A	Leergewicht – Dry Weight	234
14.1.I.K.B	Tankkapazität (Gallonen) – Fuel Capacity Gal	234
14.1.I.K.C	Schwerpunkt – Center of Gravity	234
14.1.I.K.D	Druckpunkt – Center of Lift	234
14.1.I.K.E	Flugzeugname – Aircraft Name	235
14.1.I.K.F	Dateiname – File Name	235

Inhalt

14.1.I.K.G	Flugzeug abspeichern – Save Aircraft to Disk	235
14.1.I.K.H	Stirnfläche – Frontal Area	235
14.1.I.K.I	Fahrwerk – Gear	235
14.1.I.X	Entwurf zurücksetzen – Reset Design Parameters	235
14.2	Views-Menü	236
14.2.E.3	Eig. Flugzeug sehen – See own Aircraft on/off	236
14.2.E.4	Anflugfeuer an/aus – Approach Lighting on/off	236
14.3	Enviro-Menü	236
14.3.D	Wetter – Weather Generator	237
14.3.D.1	Wolken entstehen – Cloud Build up	237
14.3.D.2	Wetterfront in Bewegung – Front Drift	238
14.3.D.3	Windänderung – Wind changes	238
14.3.D.4	Turbulenzen – Turbulence Layers	238
14.3.E	Dynamische Umgebung – Dynamic Scenery	238
14.3.E.1	Umgebungsaktivität – Scenery Frequency	238
14.3.E.2	Flugverkehr – Air Traffic	239
14.3.E.3	Flugzeuge am Boden – Airport Aircraft Ground Traffic	239
14.3.E.4	Flugzeug-Servicefahrzeuge – Airport Service Traffic	239
14.3.E.5	Verschied. Verkehr – Misc. Traffic Outside Airports	239
14.4	Sim-Menü	239
14.5	NAV/KOM-Menü	240
14.5.7	Air Traffic Control Communication	240

Anhang		241
A	Tastaturbelegung	241
B	Checklisten	244
C	Flugkarten	245
D	Flugplatzverzeichnis	247
E	Abkürzungen	255
Literaturverzeichnis		259
Quellenverzeichnis		259
Stichwortverzeichnis		261

Hinweise zur Benutzung des Buches

Lieber Leser, Sie haben sich vielleicht schon das Inhaltsverzeichnis angeschaut und dabei festgestellt, daß jedes Kapitel einen Teilabschnitt des Simulatorprogramms bzw. der Fliegerei behandelt. Falls Sie schon ein versierter FS-II-Flieger sind und sich nur für die neuen Instrumentenanflüge oder die neuen Simulationskontrollen per Pull-down-Menü interessieren, bitte sehr!

Ebenso können Sie als blutiger Anfänger mit dem Kapitel 8 über das Fliegen beginnen und sich später die Sie interessierenden Kapitel vorknöpfen.

Die Kapitel sind also in sich abgeschlossen. Falls notwendig, finden Sie Querverweise.

Sicherlich war auch ein Grund, sich dieses Buch zu kaufen, daß Sie in der Originalanleitung nicht alles gefunden haben, was Sie interessiert. Da wir diese nicht einfach abgeschrieben bzw. übersetzt haben, ist also einiges ausführlicher und einiges weniger ausführlich als im Original. Ausführlicher ist hier die Behandlung der Instrumentenfliegerei und der dazu notwendigen Karten. Sie haben die Möglichkeit, unter acht verschiedenen Anflügen zu wählen, und bekommen die erforderlichen Flugkarten gleich mitgeliefert. Ebenso ist die Bedienung der Simulationskontrollen etwas umfangreicher. Weniger Wert haben wir auf die Behandlung des Kunstflugs gelegt. Kunstflug ist ein

Sport, der nicht im Simulator nachvollziehbar ist. Beim Kunstflug ist man sehr stark auf visuelle Referenzen angewiesen, und es ist im Simulator sehr mühsam, während eines Kunstflugmanövers dauernd den Blickwinkel umschalten zu müssen. Dies gilt nicht nur für unseren Simulator. Weiterhin fehlt jedes fliegerische Gefühl. Wer schon Kunstflug betrieben hat, wird bestätigen, daß fliegerisches Gefühl und das Herausschauen erst viele Manöver möglich machen. Wer noch keinen Kunstflug gemacht hat, kann sich vielleicht den Unterschied vorstellen, wenn man den Vergleich zwischen einer Computerbilddarstellung und einer richtigen Achterbahn anbringt.

Sie wollen dennoch etwas Kunstflug versuchen? Schauen Sie doch mal im Kapitel 13 nach!

Die Bedienung des Simulators ist mit verschiedenen Eingabegeräten möglich:

☐ Tastatur,
☐ Joystick,
☐ Maus.

Optimal ist natürlich die Bedienung mit Joystick und Maus. Man kann damit, wie im richtigen Flugzeug, mit einer Hand fliegen und mit der anderen blitzschnell die erforderlichen Geräte, wie z. B. Funkgeräte, bedienen. Auch als Steuerknüppel ist die Maus verwendbar, jedoch ist diese Art der Bedienung etwas realitätsfremd.

Falls Sie noch keine Computermaus besitzen, sollten Sie vielleicht doch überlegen, sich eine solche zuzulegen. Die Hardwarepreise sind ja kräftig gefallen, und eine Maus ist schließlich – nicht nur beim Flugsimulator – gut zu gebrauchen. Achten Sie aber darauf, daß diese Maus Microsoft-kompatibel sein muß und daß vor dem «Booten» der Maustreiber geladen wird.

Die Bedienung der Elemente des Simulators ist in jedem Kapitel getrennt beschrieben. Eine Zusammenfassung aller Bedienungselemente finden Sie im Anhang.

Hinweise zur Benutzung des Buches 17

Wenn Sie irgendeine Taste drücken müssen, so finden Sie das Symbol dieser Taste in Größer- und Kleiner-Zeichen eingeklammert. Beispiel: <P> bedeutet, die Taste «P» soll gedrückt werden. Müssen zwei Tasten gleichzeitig gedrückt werden, stehen sie gemeinsam in einer Klammer. Beispiel: <Ctrl Break> bedeutet, die Tasten «Ctrl» und «Break» sollen gleichzeitig gedrückt werden. Müssen zwei Tasten nacheinander betätigt werden, stehen sie nacheinander in getrennten Klammern. Beispiel: <V> <2> bedeutet, nach Drücken von «V» soll noch «2» gedrückt werden.

Das Programm ist jetzt mit dem DOS-Befehl «copy *.*» kopierbar und auch auf der Harddisk lauffähig. Falls Sie also eine Festplatte haben, legen Sie am besten ein Subdirectory mit dem Namen FS an (DOS-Kommando «MD FS») und kopieren die beiden Disketten auf Ihr C:\FS>-Laufwerk.

Nun können Sie das Programm mit dem Befehl FS <Return> starten und befinden sich sofort im Installationsmenü, in dem Sie z. B. Ihren verwendeten Bildschirmadapter eingeben müssen. Alle Eingaben werden in einer Datei gespeichert, und Sie brauchen dann bei einem nachfolgenden Flug nur noch FS3 <Return> einzugeben, um automatisch die gewünschten Parameter vorzufinden. Möchten Sie Ihre Einstellung ändern, brauchen Sie nur wieder FS aufzurufen.

Das Programm reagiert jetzt auch auf die Tastenkombination <Ctrl Break>. Sollten Sie also dem Büroschlaf entkommen und Ihren Adrenalinspiegel durch Flugmanöver wieder erhöhen wollen, haben Sie jederzeit einen schnellen Notausgang, der Sie sofort wieder ins Betriebssystem zurückbringt, falls der Boß unerwartet im Büro auftaucht.

1
Flugzeugkunde und Aerodynamik

1.1 Abmessungen und Besonderheiten

Bei dem neuen Simulatorprogramm für den IBM PC bzw. PS/2 werden mehrere verschiedene Flugzeugtypen simuliert. Es handelt sich dabei um eine Cessna C 182 (Bild 1.1), einen Gates Lear Jet (Bild 1.2), einen Crop Duster (Agrar-Sprühflugzeug) sowie eine Spitfire. Um Ihnen eine Vorstellung davon zu geben, wie groß so eine Maschine ist, die Sie mit Hilfe des FS III fliegen, sind die Abmessungen in die Bilder mit eingezeichnet. Der wesentlichste Unterschied zwischen den beiden geläufigsten Flugzeugen, dem Lear Jet und der Cessna, besteht natürlich in der Motorisierung und der damit zwangsläufig einhergehenden maximalen Geschwindigkeit sowie der damit verbundenen Aerodynamik.

Die Cessna ist ein weitverbreitetes privates Sportflugzeug, während der Lear Jet der typische Vertreter des schnellen Geschäftsreiseflugzeuges ist. An diesen Einsatzgebieten und den daraus folgenden Forderungen für das aerodynamische Design, das in den Bildern 1.1 und 1.2 erkennbar ist, wollen wir anknüpfen und uns ein wenig um die Aerodynamik kümmern.

Flugzeugkunde und Aerodynamik

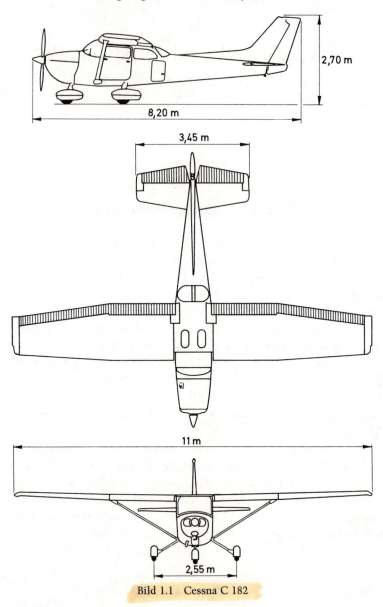

Bild 1.1 Cessna C 182

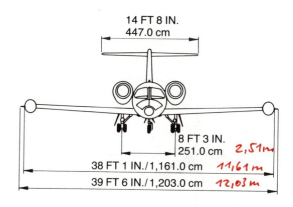
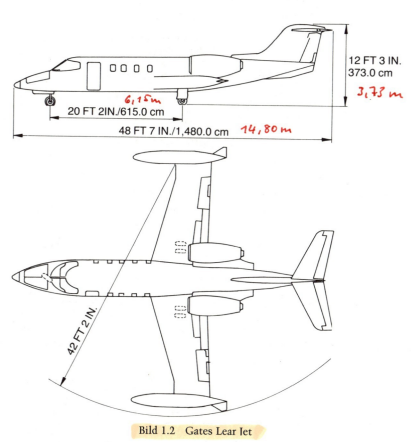

Bild 1.2　Gates Lear Jet

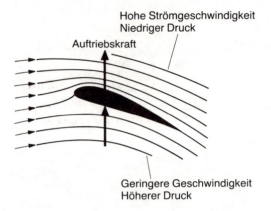

Bild 1.3   Strömungsverhältnisse am Tragflügel

1.2   Warum fliegt ein Flugzeug?

Dies soll und will kein Aerodynamik-Lehrbuch sein. Wir werden deshalb auf diese Frage nur so weit eingehen, wie es zum Verständnis des Flugsimulatorprogramms notwendig ist. Unsere Darstellung erhebt keinen Anspruch auf wissenschaftliche Exaktheit. Wer sich eingehender mit der Aerodynamik beschäftigen will, der sei auf entsprechende Fachliteratur verwiesen.

An den Tragflächen eines Flugzeuges wird Auftrieb erzeugt. Dies geschieht durch spezielle Formung des Flügels, die bewirkt, daß die Luft über der Tragfläche schneller strömt als unter ihr (Bild 1.3). Nach den Gesetzen, die BERNOULLI aufgestellt hat, führt dies über dem Flügel zu einem Sog, der das Flugzeug anheben will. Dies nennt man Auftrieb.

Des weiteren ist die Tragfläche etwas gewölbt. Diese Wölbung kann durch Landeklappen noch vergrößert werden. Es entsteht dadurch eine Zirkulation der Strömung um die Tragfläche. Der Magnus-Effekt, der den Auftrieb an rotierenden Körpern

Der Auftrieb

beschreibt, trägt somit ebenfalls zum Auftrieb bei. Grob gesagt: Je größer die Wölbung, desto größer der Auftrieb.

Um das Flugzeug nun in die Luft zu heben, muß die Auftriebskraft natürlich größer sein als das Gewicht des Flugzeuges. Die Formel für den Auftrieb lautet:

$$L = c_1 \cdot \varrho/_2 \cdot v^2 \cdot A$$

Hier ist:
L der Auftrieb (lift)
c_1 der Auftriebsbeiwert
ϱ die Dichte
v die Geschwindigkeit in der Luft (velocity)
A die Grundfläche des Tragflügels.

Die Luftdichte ändert sich mit der Flughöhe. Sie ist eine vorgegebene Größe. Die anderen Größen sind vom Piloten beeinflußbar.

Man kann als Pilot die Fläche A verändern, indem man die Landeklappen ausfährt.

Die Geschwindigkeit v steht im Quadrat. Man kann daran erkennen, wie wichtig sie für den Auftrieb ist. Variieren kann man die Geschwindigkeit, indem man Motorleistung und Pitch verändert (siehe Kapitel 8). Wir erkennen, daß bei einer bestimmten Klappenstellung eine bestimmte Geschwindigkeit notwendig ist, um die Maschine sicher in die Luft zu bringen.

Wird die Geschwindigkeit zu gering, kann die Luft den Flügel nicht mehr voll umströmen, und es kommt zu dem gefürchteten Strömungsabriß (stall). Das Flugzeug verliert schlagartig den Auftrieb und sackt durch. Ein solches Manöver – in Bodennähe ausgeführt – kann einem Piloten den ganzen Tag und noch mehr verderben.

Der Auftriebsbeiwert c_1 kann vom Piloten verändert werden, indem er das Flugzeug mehr oder weniger anstellt, d. h. die Flugzeugnase anhebt oder senkt. Alte Fliegerweisheit: «Durch Ziehen gewinnt man Höhe».

1.3 Die vier Kräfte am Flugzeug

Zwei entgegengesetzt wirkende Kräfte, Auftrieb und Gewicht, haben wir jetzt kennengelernt.

Die Luft hat also Balken. Sie setzt dem Flugzeug aber leider auch Widerstand entgegen. Die Formel für den Luftwiderstand D (drag) lautet:

$$D = \text{Widerstand (drag)}$$
$$D = c_d \cdot \varrho/_2 \cdot v^2 \cdot A$$

Nanu, das kommt uns doch bekannt vor! Bis auf c_d, den Widerstandsbeiwert (bei uns besser bekannt als c_w), ist diese Formel identisch mit der Auftriebsformel!

Ja, leider! Denn mit zunehmendem Auftrieb steigt auch der Luftwiderstand. Wir brauchen also auch eine Kraft, um diesen Widerstand auszugleichen, wie etwa im unbeschleunigten Reiseflug, oder ihn zu überwinden, wie z. B. beim Start und Abflug. Diese Kraft ist die Schubkraft des Motors bzw. der Motoren.

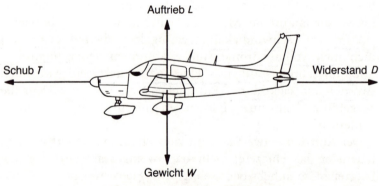

Bild 1.4 Die vier Kräfte am Flugzeug

Die vier Kräfte am Flugzeug 25

Nun kennen wir also die vier Kräfte, die am Flugzeug wirken

    Gewichtskraft W (weight)
    Auftrieb L (lift)
    Luftwiderstand D (drag)
    Schub T (thrust)

Im unbeschleunigten Reiseflug, also bei konstanter Flughöhe und Geschwindigkeit, sind die vier Kräfte im Gleichgewicht.

$$W = L; \quad D = T$$

Wollen wir beschleunigen, verlangsamen, steigen oder sinken, so müssen wir L und T verändern.

Es ist sehr wichtig, daß Sie diese Zusammenhänge verstehen, denn sie sind die Grundlage für das Verständnis der Reaktionen eines Flugzeuges bei Aktionen des Piloten.

Soweit die Aerodynamik, wie sie die Cessna oder vergleichbar langsame Flugzeuge betrifft. Diese Ausführungen gelten nur für den Unterschallbereich (subsonic), also nur für Geschwindigkeitsbereiche bis zu einer Machzahl von 0,5.

1.4 Trans- und Supersonic

Je schneller man wird, desto mehr gewinnen Größen wie z. B. Kompressibilität der Luft an Bedeutung, und die alten Gesetze stimmen nicht mehr so richtig. Man nähert sich dem schallnahen Bereich (transsonic). Im Überschallbereich (supersonic) ist schließlich die gesamte Aerodynamik auf den Kopf gestellt. Schauen wir uns das etwas näher an.

Die bekannteste Größe in diesem Bereich ist wohl die Machzahl. Sie gibt das Verhältnis zwischen Eigen- und Schallgeschwindigkeit an.

$$M = TAS / a$$

Hier ist M die Machzahl,
TAS die Eigengeschwindigkeit (True Airspeed)
a die Schallgeschwindigkeit.

Bei Mach 0,8 fliegen wir also mit 80% der jeweiligen Schallgeschwindigkeit.
Die Schallgeschwindigkeit ist aber keine Konstante. Sie ist unter anderem eine Funktion der Temperatur T. Die genaue Formel lautet:

$$a = \sqrt{g \cdot \varkappa \cdot R \cdot T}$$

Hier ist g die Gravitationskonstante
R die Gaskonstante
$\varkappa$ das Verhältnis der spezifischen Wärmen Cp/Cv
T die Temperatur

Alle Größen außer der Temperatur sind hier annähernd konstant, so daß man die Faustformel

$$a = 39 \cdot \sqrt{T} \quad \text{(kts)}$$
bzw.
$$a = 72 \cdot \sqrt{T} \quad \text{(km/h)}$$

aufstellen kann. Zu beachten ist, daß hier die absolute Temperatur in Kelvin eingesetzt werden muß.

In größeren Höhen – in 10 km Höhe beträgt die Lufttemperatur ca. –50 °C – ist die Schallgeschwindigkeit also kleiner als am Boden. Hier ein kurzer Vergleich der genauen Werte:

☐ Temperatur –50 °C ergibt 1075 km/h Schallgeschwindigkeit,
☐ Temperatur +20 °C ergibt 1230 km/h Schallgeschwindigkeit.

Die maximal mögliche Geschwindigkeit eines Jets wird durch die kritische Machzahl bestimmt. Bei dieser Geschwindigkeit tritt durch die Formgebung der Tragflächen usw. erstmals eine Luftströmung mit Schallgeschwindigkeit auf. Die hierbei erzeugten Druckwellen sind manchmal sogar auf den Tragflächen als Schatten sichtbar. Um die kritische Machzahl heraufzusetzen, benutzt man Tragflächen mit geringerem Dickenverhältnis, geringerer Wölbung sowie sogenannte Laminarprofile. Des weiteren wird die Flügelpfeilung benutzt, da die anströmende Luft in eine Normal- und eine Tangentialkomponente zerlegt werden kann (Bild 1.5).

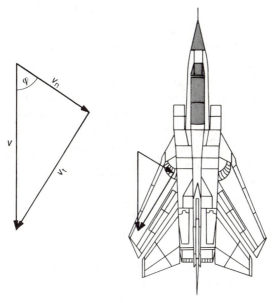

Bild 1.5   Erhöhung der kritischen Machzahl durch Flügelpfeilung

Die kritische Machzahl des Lear Jet liegt etwa bei Mach 0,80. Überschreitet man diesen Wert, wandert der Auftriebspunkt nach hinten. Die Folge ist, daß das Flugzeug weiter die Nase senkt und dadurch noch schneller wird. Hier hilft nur noch die Reduzierung der Motorleistung und das Ausfahren der Spoiler, um die Geschwindigkeit zu drosseln. In modernen Jets gibt es aus diesem Grund ein Mach-Trim-System, das ein rechtzeitiges Gegentrimmen gewährleistet.

Kommen wir nun zum Überschallbereich. Sicherlich ist Ihnen die Schallmauer ein Begriff. Dies sagt man volkstümlich, wenn ein Flugzeug schneller fliegt als der Schall, wenn also die Machzahl > 1 ist. Als Kennzeichen ist der Überschallknall bekannt. Warum ist eigentlich die Schallgeschwindigkeit eine so wichtige Größe? Nun, Schall besteht aus Druckschwankungen in der Luft. Wenn Sie einmal einen Baßlautsprecher in Aktion gesehen haben, wissen Sie, wie solche Schallwellen erzeugt werden können. Die Membrane bewegt sich mit einer gewissen Geschwindigkeit nach vorn und erzeugt dabei einen Druckstoß. Dieser Druckstoß breitet sich gleichmäßig aus. Ein Flugzeug, das sich in der Luft bewegt, schiebt ebenfalls eine solche Druckwelle vor sich her. Die Luft kann somit noch dem sich bewegenden Körper ausweichen. Erreicht das Flugzeug aber die Schallgeschwindigkeit, können sich Druckwellen nur nach hinten ausbreiten. Fliegt das Flugzeug im Überschallbereich, so bewegt sich der Druckwellenerzeuger schneller als die Druckwellen selbst. Es entsteht der sogenannte Machsche Kegel (Bild 1.6).

An dem Strömungskörper selbst entsteht ein Verdichtungsstoß, der abhängig ist von der Form des Strömungskörpers sowie der Anströmmachzahl. Durch den Verdichtungsstoß treten diverse Zustandsveränderungen innerhalb der Strömung auf. Der statische Druck und die Temperatur steigen z. B. stark an, was bei der Auswahl der Werkstoffe zu berücksichtigen ist. Es würde jedoch zu weit führen, diese Phänomene hier an dieser Stelle genauer zu beschreiben; es sollte nur als Grundlage dienen, um einige Eigenschaften von Überschalljets besser zu verstehen.

Vom Schall- zum Überschall-Bereich

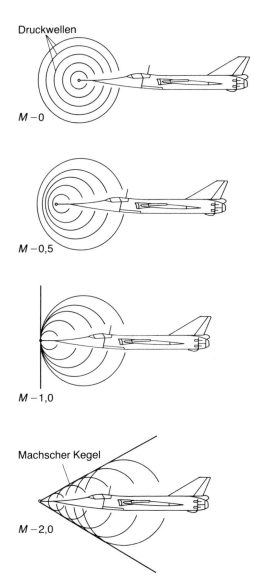

Bild 1.6 Druckwellenausbreitung bei verschiedenen Geschwindigkeiten

2
Die Controls

2.1 Allgemeines

Ein Flugzeug bewegt sich, im Gegensatz zum Automobil, im dreidimensionalen Raum. Es braucht also eine Steuerung um drei Achsen. Diese drei Achsen sind (Bild 2.1):

☐ Längsachse (longitudinal axis),
☐ Querachse (lateral axis),
☐ Hochachse (vertical axis).

Die dazu gehörenden Steuerhilfen sind (Bild 2.2):

☐ Querruder (ailerons),
☐ Höhenruder (elevator),
☐ Seitenruder (rudder).

Sie bewirken ein:

☐ Rollmoment (roll),
☐ Längsmoment (pitch),
☐ Giermoment (yaw).

Ein Ausschlag des Querruders führt also zu einer Rollbewegung um die Längsachse, ein Ausschlag des Höhenruders zu einer Nickbewegung um die Querachse und ein Ausschlag des Seitenruders zu einer Drehbewegung um die Hochachse.

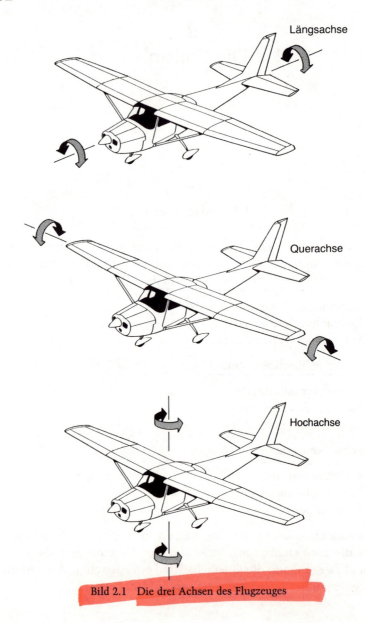

Bild 2.1 Die drei Achsen des Flugzeuges

Die drei Achsen des Flugzeuges 33

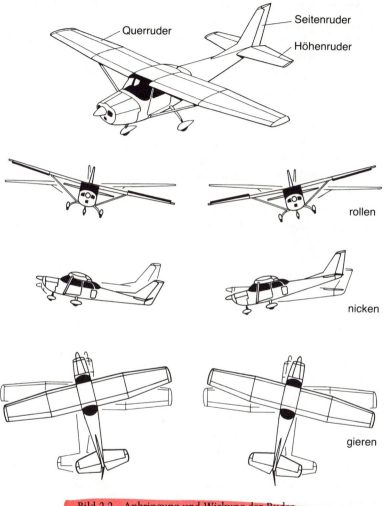

Bild 2.2 Anbringung und Wirkung der Ruder

Der Ausschlag eines jeden Ruders erfordert Kraft, die Sie in jedem richtigen Flugzeug aufbringen müßten. Unser Joystick und unsere Tastatur können keine Kräfte übertragen, deshalb finden wir auf dem Instrumentenbrett die sogenannten *control position indicators* (CPI), die anzeigen, wie stark das entsprechende Ruder ausgelenkt ist bzw. wieviel Kraft wir aufwenden müßten. Diese Ruderkraft kann man nun mit Hilfe der Trimmung auf Null reduzieren. Das heißt, unser Steuerhorn (control yoke) steht wieder in der Ursprungsposition, obwohl das eine oder andere Ruder ausgelenkt ist.

Die Auftriebshilfen, auch Klappen (flaps) genannt, gehören ebenfalls noch zu den *flight controls.* Durch ihr Ausfahren wird sowohl die Fläche als auch die Wölbung der Tragflächen vergrößert. Dies wird zum Beispiel im Langsamflug, etwa bei der Landung, benötigt.

2.2 Steuerung um die Längsachse

Beim Flugsimulator werden die Querruder entweder mit dem Joystick, der Maus in der «Yoke Mode» oder mit den Cursortasten <←> und <→> bewegt. In Neutralstellung springen Sie durch Zentrieren des Joysticks bzw. durch Drücken der Taste <5> (Bild 2.3).

Wenn Sie jetzt den Joystick nach links oder rechts drücken, so sehen Sie den Aileron control position indicator (ACPI) entsprechend auswandern. Die Querruder werden nun verstellt. Drücken wir z. B. nach links. Jetzt wird das linke Querruder nach oben und das rechte Querruder nach unten ausgelenkt. Dadurch verändern sich die Auftriebsverhältnisse an den Tragflächen so, daß der Auftrieb am linken Flügel abnimmt, der am rechten Flügel zunimmt. Das Flugzeug nimmt also eine nach links geneigte Schräglage ein und fliegt eine Kurve. Wenn die gewünschte Schräglage erreicht ist, müssen die Querruder wie-

der in die neutrale Stellung gebracht werden, da sonst die Schräglage weiter zunehmen würde. Kunstflug wollen wir als Anfänger schließlich nicht betreiben.
Mit den Ailerons in Neutralstellung behält unsere Maschine anfänglich ihre Schräglage bei. Durch die leichte V-Form der

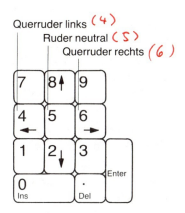

Bild 2.3 Querruderbetätigung

Tragflächen nimmt die Schräglage langsam ab, und die Maschine stabilisiert sich schließlich auf Geradeausflug. Wollen wir die Kurve vorher ausleiten, müssen wir den Joystick in die entgegengesetzte Richtung auslenken und die Querruder zentrieren, sobald die Flügel wieder parallel zum Horizont sind.

Um «koordiniert» zu fliegen, müßte in der Kurve etwas Seitenruder gegeben werden. Doch darüber mehr im Abschnitt 2.4.

2.3 Steuerung um die Querachse

Das Höhenruder wird wiederum mit dem Joystick (Maus) oder mit den Cursortasten <↑> bzw. <↓> verstellt (Bild 2.4). Drücken Sie den Joystick mal nach vorn. Sie sehen den EPCI nach unten ausschlagen. Das Höhenruder zeigt nun mit der Hinterkante ebenfalls nach unten. Aus der erhöhten Auftriebskraft am Höhenruder resultiert ein Drehmoment um die Querachse. Das Flugzeug neigt sich nach vorn und beginnt zu sinken.

Ihnen ist sicher aufgefallen, daß der EPCI nicht stufenlos, sondern in kleinen Stufen verstellt wird. Des weiteren wird der ECPI nicht mit jedem Tastendruck verstellt. Das Programm hat einen sogenannten *micro-adjustable elevator*.

Schnelles Drücken der Elevator-Tasten oder dauerndes Drücken des Joysticks bewirkt ein Verstellen des Höhenruders in relativ großen Stufen. Drücken der Tasten in Zeitabständen von mehr als einer Viertelsekunde bewirkt ein Verstellen des Elevators um eine Achteleinheit.

Diese Mikrokorrekturen sind sehr hilfreich bei der Stabilisierung des Flugzeuges in einem bestimmten Flugzustand. Sie brauchen also nicht unbedingt eine Veränderung des ECPI zu sehen, wenn Sie das Höhenruder verstellen.

Bild 2.4   Höhenruderbetätigung

Steuerung um die Quer- und Hochachse 37

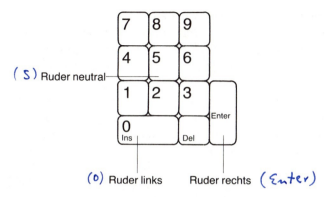

Bild 2.5 Seitenruderbetätigung

2.4 Steuerung um die Hochachse

Mit dem Seitenruder (rudder) ist das Flugzeug – sowohl am Boden zum Rollen als auch in der Luft – um die Hochachse steuerbar.
Am Boden steuern die Ruderpedale nicht nur das Seitenruder, sondern auch das Bugrad des Flugzeuges. Wir bedienen das Ruder mit den Tasten <Ins> und <Enter> (Bild 2.5). Dies führt zu einer Links- bzw. Rechtsdrehung des Flugzeuges.
In der Luft benötigt man das Ruder einerseits, um aerodynamische Einflüsse des Propellers (torque effect, slipstream effect, P-Faktor usw.) auszugleichen. Es würde zu weit führen, hierüber genaue Informationen zu geben. Andererseits benötigt man es, um «koordiniert» zu fliegen. Was ist das nun schon wieder?
Koordiniert fliegt man dann, wenn die Flugzeuglängsachse auch in Flugrichtung zeigt. Nun denken Sie vielleicht: «So ein Blödsinn, die Längsachse zeigt doch immer in Flugrichtung». Weit gefehlt!
Kommen wir jetzt auf den Kurvenflug zurück. Im Abschnitt über Querruder sagten wir, daß der Auftrieb an der Tragfläche,

die sich nach oben bewegt größer ist als der Auftrieb an der sich nach unten bewegenden Fläche. Nun wird aber mit dem Auftrieb auch der Luftwiderstand größer! Wenn wir also eine Linkskurve fliegen wollen, ist der Widerstand des rechten Flügels etwas größer. Dies würde dazu führen, daß die Flugzeugnase sich nach rechts dreht, also aus der Kurve heraus. Wir würden damit «unkoordiniert» fliegen. Die Abhilfe dafür wäre, etwas linkes Seitenruder zu geben und damit die Flugzeugnase wieder in Flugrichtung zu drücken. Aber Gott sei Dank kann man ja die *auto coordination* einschalten, die uns diese Arbeit abnimmt. Wenn Sie mal auf den Control position indicator schauen, während das Querruder ausgelenkt ist, so können Sie erkennen, daß das Ruder ebenfalls ausgelenkt wird. Es ist auch wenig sinnvoll, diese Vereinfachung abzuschalten, denn Sie würden sich bestimmt irgendwann die Finger verknoten, um alle *flight controls* gleichzeitig bedienen zu können. Etwas anderes wäre es, wenn ein Bastler sich Fußschalter zur Bedienung des Seitenruders bauen würde. Dann wäre auch Kunstflug mit diesem Programm sinnvoll durchführbar.

Wir haben übrigens auch ein Instrument, das anzeigt, ob wir koordiniert fliegen: den Wendezeiger (turn and bank indicator, s. Abschnitt 4.2.3). Koordiniert fliegt man immer dann, wenn der Ball innerhalb des Kästchens unter dem Fluzeugsymbol sich genau in der Mitte befindet.

Weiterhin gibt es auch bewußt unkoordiniert geflogene Manöver (z.B. skids und slips). Dabei wird das Querruder zur einen (z.B. nach rechts) und das Seitenruder zur anderen Seite (also nach links) ausgelenkt, bis die Tragflächen wieder parallel zum Horizont sind. Das Flugzeug zeigt jetzt mit der Nase nicht mehr in Flugrichtung, sondern bietet dem Fahrtwind seine rechte Seite. Dadurch erhöht sich der Luftwiderstand beträchtlich. Dieses Verfahren wird von Segelfliegern, aber auch von Sportfliegern oft verwendet, um den Sinkflug zu beschleunigen.

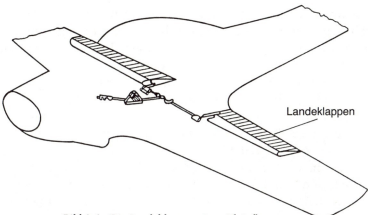

Bild 2.6 Die Landeklappen eines Kleinflugzeuges

2.5 Auftriebshilfen

Der Auftrieb an einer Tragfläche ist von der Geschwindigkeit der sie umströmenden Luft, von der Fläche und von der Wölbung des Flügels abhängig. Mit dem Auftrieb wächst aber leider auch der Luftwiderstand (s. a. Kapitel 1). Man mußte sich also etwas einfallen lassen, um die Tragfläche den jeweiligen Anforderungen an Auftrieb und Widerstand anzupassen. Als Lösung sind die Landeklappen (flaps) bekannt (Bild 2.6). Während des Reiseflugs sind wir schnell genug und brauchen uns keine Sorgen um den Strömungsabriß (stall) zu machen. Setzen wir aber zur Landung an, dann müssen wir unsere Landegeschwindigkeit je nach Länge und Zustand der Landebahn verringern. Je langsamer das Flugzeug aber fliegt, desto geringer wird der Auftrieb. Da das Flugzeuggewicht konstant bleibt, müssen wir die Landeklappen ausfahren. Dadurch erhöhen sich die Wölbung und die Fläche des Tragflügels und damit auch der Auftrieb. Um den erhöhten Widerstand auszugleichen, müssen wir eben noch etwas Gas geben, um die Schubkraft zu erhöhen.

Beim Starten ist die Wahl der Klappenstellung wiederum abhängig von der Länge und Beschaffenheit der Startbahn und noch zusätzlich vom umgebenden Gelände. Startet man auf einer langen Bahn, wie z. B. in Frankfurt/Main, so kann man auf das Fahren von Flaps ganz verzichten, da man genügend Platz hat, das Flugzeug zu beschleunigen, bis es flugfähig ist. Haben wir aber nur eine kurze, unbefestigte Piste zur Verfügung, wie z. B. die Graspiste eines kleinen Flugplatzes, so müssen wir möglichst schnell in die Luft kommen. Mit ausgefahrenen Klappen kommen wir zwar schneller zum Abheben, die Steigleistung ist jedoch durch den erhöhten Widerstand erheblich verringert. Bei Hindernissen in der Abflugrichtung kann dies sehr peinlich werden.

Gefahren werden die Landeklappen mit den Funktionstasten F1, F3, F5, F7 und F9 (bzw. F5, F6, F7 und F8 bei der Tastatur mit obenliegenden Funktionstasten, Bilder 2.7 und 2.8).

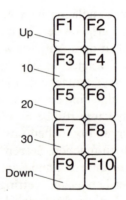

Bild 2.7   Betätigen der Landeklappen (Funktionstasten links)

Es sind bis zu fünf Klappenstellungen möglich: Up, 10, 20, 30 und Down. Die Klappenstellung ist am Flap position indicator ablesbar.

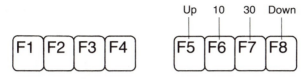

Bild 2.8 Betätigen der Landeklappen (Funktionstasten oben)

Konstruktionsbedingt gibt es eine Maximalgeschwindigkeit, bei der die Klappen ausgefahren werden dürfen, die sogenannte «V fe» (Maximalgeschwindigkeit für flaps extended). Sie liegt für die Cessna bei 100 kts.

2.6 Trimmung

2.6.1 Rudertrimmung

Wie eingangs schon erwähnt, treten beim Ausschlag der Ruder Steuerdrücke auf, die wir normalerweise mit Handkraft halten müßten. Dies wäre auf die Dauer sehr ermüdend. Um diese Ruderkräfte auszugleichen, benötigen wir die Trimmung (trim). So wie ein Flugzeug um drei Achsen steuerbar ist, ist es auch um drei Achsen trimmbar. Nur bei einigen wenigen Kleinflugzeugen wird an der Querruder-Trimmung gespart. Wie funktioniert nun die Trimmung?

Im Cockpit befindet sich das Trimmrad. Mit diesem Trimmrad werden über Seilzüge die Trimmruder bewegt (Bild 2.9). Das Trimmruder ist an der Hinterkante des jeweiligen Ruders angebracht.

Ein Ausschlag des Trimmruders (Bild 2.10) nach oben bewirkt einen Ausschlag des Ruders nach unten. Man erreicht also mit kleinen Steuerdrücken große Wirkung.

Quer- und Seitenruder-Trimmung werden in kleinen, einmotorigen Flugzeugen normalerweise nicht benötigt. Höhenruder-

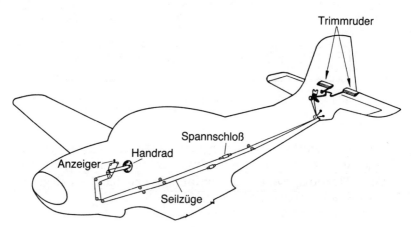

Bild 2.9 Anbringen und Ansteuern der Höhenruder-Trimmung

Trimmung wird jedoch in allen Flugzuständen gebraucht, da alle Veränderungen der Flugzeugkonfiguration, wie z. B. power und flaps, Drehmomente um die Querachse bewirken. Ebenso hat die Beladung des Flugzeugs Einfluß auf den erforderlichen Trimmruderausschlag.

Da wir mit unserer Tastatur keine Ruderkräfte spüren, ist es nicht unbedingt notwendig, sich um die korrekte Trimmung zu kümmern. Wer aber einen Joystick verwendet, um den Flugsimulator zu fliegen, müßte schon dauernd einen leichten Druck

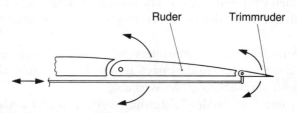

Bild 2.10 Prinzip der Ansteuerung von Ruder und Trimmruder

Die Trimmung

nach hinten geben, um im Steigflug die Ruderkräfte – in diesem Fall die Federkraft des Joysticks – zu überwinden. Man könnte in diesem Fall die Steuerhand nicht kurz loslassen, ohne gleich unerwünschte Reaktionen zu provozieren. Man muß also das Flugzeug in die gewünschte Fluglage bringen und anschließend die Ruderkräfte wegtrimmen. Das heißt, daß der Elevator control position indicator immer in Neutralstellung steht und somit anzeigt, daß die Ruderkräfte Null sind, während das Flugzeug brav und fast von selbst seinen Steigflug fortsetzt.

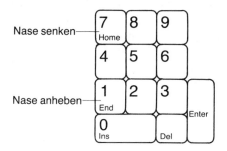

Bild 2.11 Höhenruder-Trimmung

Betätigt wird die Elevator-Trimmung mit den Tasten <Home> (nose down) und <End> (nose up) (Bild 2.11).

Den Ausschlag der Trimmruder können Sie am Elevator trim position indicator ablesen (siehe auch Kapitel 4 «Instrumente»).

2.6.2 Andere Trimmsysteme

Die bisher gebräuchliche Form der Höhenruder-Trimmung ist nur zweckmäßig bei relativ langsamen Flugzeugen. Bei Jets, die einen wesentlich größeren Geschwindigkeitsbereich ermöglichen, ist aufgrund der Wanderung des Druckpunktes ein relativ großer Trimmbereich vonnöten. Dies wird erreicht durch komplettes Verstellen des Höhenleitwerks. Hier wird also nicht das Höhenruder über kleine Hilfsruder ausgelenkt, sondern die gesamte Flosse. Diese Flosse nennt man «Stabilizer» und die dazugehörige Trimmung daher «Stabilizer trim».

Bei Überschalljets (wie z. B. der Concorde) versucht man, die ausgeklügelte Dynamik möglichst wenig durch sich verändernde Ruder zu stören. Aus diesem Grund werden oft sogenannte Trimmtanks eingebaut. Tritt ein Flugzustand auf, wo getrimmt werden muß, veranlaßt ein Computer das Umpumpen von Kraftstoff in die entsprechenden Trimmtanks und wieder zurück. Auf diese Weise wird eine optimale Trimmung erreicht, allerdings mit dem Nachteil, daß bei Ausfall dieses Computers das Flugzeug nicht mehr trimm- und steuerbar sein kann.

3
Der Antrieb

3.1 Kolbentriebwerke

Sportflugzeuge sind, von wenigen Ausnahmen abgesehen, mit Ottomotoren ausgerüstet, wie auch die Cessna des Flugsimulators III. Die Motoren müssen leicht und leistungsfähig, vor allem aber zuverlässig sein. Da Sportflugzeuge meist einmotorig sind, ist die Besatzung voll und ganz auf ihr einziges Triebwerk angewiesen. Ein Flugzeug fällt zwar bei einem Motorausfall nicht gleich vom Himmel, aber der Pilot kann doch in sehr unangenehme Situationen kommen, wenn der Motor z. B. beim Start, in geringer Höhe oder über dem Wasser ausfällt. Flugzeugmotoren unterliegen aus diesem Grund einer lückenlosen Überwachung – mit ein Grund für die hohen Kosten der Sportfliegerei. Regelmäßige Inspektionen, bei denen Verschleißteile ersetzt werden, sind alle 100 Betriebsstunden vorgesehen. Eine totale Überholung des Motors im Werk nach 2000 Betriebsstunden wird vom Gesetzgeber gefordert.

Was den Laien und auch den erfahrenen Piloten immer wieder überrascht sind die hohen Ersatzteilpreise. So kostet z. B. eine Zündkerze ca. 50 DM. Pro Zylinder werden zwei Zündkerzen eingebaut. Der Kerzenwechsel bei einem 6-Zylinder-Motor schlägt also mit ungefähr 600 DM Materialkosten zu Buche. Sicherheit hat ihren Preis!

Leistungsangaben werden bei Flugzeugmotoren in Wellen-PS gemacht. Der Propeller setzt die Leistung des Motors in Schubkraft zum Vortrieb des Flugzeuges um. Im einfachsten Fall sitzt der Propeller direkt auf der Welle des Motors (direct-drive). Manche Flugzeugtypen besitzen ein Untersetzungsgetriebe zwischen Motor und Propeller, da bei hohen Motordrehzahlen der Wirkungsgrad des Propellers abnimmt. Im Gegensatz zum Auto ist dies aber kein Schaltgetriebe, sondern eines mit fester Untersetzung.

Von einem Propeller wird erwartet, daß er sowohl bei niedriger Fluggeschwindigkeit, z. B. beim Start, als auch bei hoher Geschwindigkeit im Reiseflug optimalen Schub liefert. Um dieses Ziel zu erreichen, gibt es Vorrichtungen, die den Anstellwinkel der Propellerblätter verändern können. Mit einem geringen Anstellwinkel erreicht der Motor auch dann, wenn das Flugzeug am Anfang des Starts nur langsam rollt, seine günstigste Drehzahl und somit höchste Leistung; mit zunehmender Fluggeschwindigkeit erhöht man dann den Anstellwinkel. Es gibt Flugzeuge, die mit einer Regelung ausgerüstet sind, die die Drehzahl des Propellers unabhängig von der Leistung des Motors und der Fluggeschwindigkeit annähernd konstant halten. Man spricht dann von einem *constant speed prop.*

Was das Schaltgetriebe im Auto, ist also der Verstellpropeller beim Flugzeug. Beim Flugsimulator brauchen Sie aber auf die richtige Einstellung des Propellers nicht zu achten, denn die Cessna 182 ist mit einem einfachen Propeller ohne Verstellmöglichkeit ausgerüstet.

Um den Motor zu überwachen, stehen dem Simulatorpiloten vier Instrumente zur Verfügung: Drehzahlmesser, Öldruckmesser, Öltemperaturmesser, Kraftstoffanzeige.

Die Leistung des Motors steuern Sie mit dem Throttle (Übersetzt: die Drosselklappe des Vergasers), einem Handgas. Beim IBM PC sind die untereinanderliegenden Funktionstasten <F2>, <F4>, <F6>, <F8> und <F10> für die Leistungssteue-

rung vorgesehen. Mit <F2> geben Sie Vollgas, <F10> drosselt den Motor auf Leerlauf, <F4> erhöht stufenweise die Leistung, <F8> verringert sie. Bei einem Keyboard mit obenliegenden Funktionstasten sind es die Tasten <F1> bis <F4>. Am einfachsten geht es jedoch mit der stufenlosen Verstellung mit <PgUp> und <PgDn>.
Die jeweilige Stellung des Throttle können sie am Throttle position indicator ablesen. Besser ist es jedoch, den Drehzahlmesser zu beobachten.
Ein weiteres Bedienungselement für den Motor ist die Vergaservorwärmung. Wenn Sie den Motor drosseln, entsteht hinter der Drosselklappe ein Unterdruck, wodurch die angesaugte Luft abgekühlt wird. Wasserdampf, der sich in der Luft befindet, kondensiert und gefriert hinter der Drosselklappe. Die Folge davon ist, daß sich entweder die Drosselklappe nicht mehr bewegen läßt oder der Motor ganz abstirbt, weil das Ansaugrohr völlig zufriert. Um die Vergaservereisung zu verhindern, ist das Flugzeug mit einer Vergaservorwärmung ausgerüstet. Dazu wird erwärmte Luft hinter dem Zylinder entnommen und dem Vergaser zugeführt. Die Vergaservorwärmung sollte aber nur dann eingeschaltet sein, wenn sie wirklich gebraucht wird, nämlich dann, wenn wir mit gedrosseltem Motor fliegen. Das gilt ganz besonders für den Landeanflug, wo ein Motorausfall wegen der geringen Flughöhe und -geschwindigkeit besonders fatal ist. Bei Voll- oder Teillast besteht keine Gefahr der Vergaservereisung. Eine Vorwärmung der Ansaugluft wäre hier schädlich, denn der Wirkungsgrad des Motors würde verschlechtert. Auf die Bedienung der Vergaservorwärmung muß man aber nur dann achten, wenn der Flugsimulator im Reality mode betrieben wird.

Bei Flugzeugmotoren kann das Mischungsverhältnis zwischen Treibstoff und Luft vom Cockpit aus eingestellt werden: einerseits, um beim Start maximale Leistung zu haben, andererseits, damit im Flug der Verbrauch möglichst niedrig ist. Bei Start und Landeanflug sollte das Gemisch fett (full rich) eingestellt sein.

Im Reiseflug kann das Gemisch so weit abgemagert werden, daß der Motor gerade noch rund läuft.

Beim FS III ist es nicht vorgesehen, das Mischungsverhältnis zu verstellen. Es kann lediglich mit <M> <0> die Treibstoffzufuhr ganz unterbrochen werden (mixture full lean). Der Motor wird damit abgestellt.

Kolbenmotoren in Flugzeugen sind grundsätzlich mit einer Magnet-Abreißzündung ausgerüstet. Diese Zündung arbeitet völlig unabhängig von der Stromversorgung des Flugzeuges und ist dadurch sehr zuverlässig. Die Zuverlässigkeit wird noch dadurch gesteigert, daß für jeden Zylinder zwei unabhängige Systeme vorhanden sind. Zu Testzwecken kann man den rechten und linken Stromkreis getrennt schalten. Zur Anzeige, welcher Zündkreis eingeschaltet ist, dienen die Buchstaben hinter dem Wort MAGS, was soviel wie (Zünd-)Magnete heißt. Hier steht entweder *L*inks (left), *R*echts (right), *B*eide (both) oder *ST*art zum Anlassen des Motors. Die einzelnen Zündkreise können Sie durch Drücken der Tasten <M> und danach 1–5 anwählen. Einzelne Zündkreise werden aber nur zu Testzwecken aktiviert, normalerweise sollen im Flug beide Zündkreise eingeschaltet sein. Wenn Sie die Zündanlage überprüfen und nur einen Zündkreis schalten, stellen Sie fest, daß die Drehzahl etwas zurückgeht. Diese Überprüfung sollten Sie im Rahmen des *preflight checks* vor jedem Start durchführen. Liegt die Drehzahlabnahme über 100 U/min, dann ist mit einem Defekt in dem jetzt noch aktiven Zündsystem zu rechnen. In einem solchen Fall starten Sie nicht, sondern suchen die nächste Werkstatt auf und lassen hier die Zündanlage durchchecken. Beim Flugsimulator werden Wartungsarbeiten und das Betanken des Flugzeuges dann durchgeführt, wenn das Flugzeug auf einer bestimmten Stelle des Flugplatzes parkt. Diese Stelle ist mit einem großen F gekennzeichnet. Sie finden sie am einfachsten mit dem *radar view*. Der Buchstabe *F* steht für *fuel and service*.

3.2 Turbinentriebwerke

Das Turbinen-Luftstrahl-Triebwerk wurde erstmals 1937 vorgestellt. Es hat gegenüber dem Ottomotor einige Vorteile, die es zum idealen Antrieb für Flugzeuge machen. Es ist mit diesem Prinzip möglich, relativ kleine und sehr leistungsfähige Triebwerke zu bauen. Die hohe Verbrennungstemperatur und der im Vergleich zum Kolbentriebwerk relativ geringe Verbrennungsdruck machen das Triebwerk unabhängig von klopffesten Kraftstoffen. Mit diesen Triebwerken sind große Flughöhen und -geschwindigkeiten zu erreichen. Die Verbrennung ist kontinuierlich, was zu wesentlich ruhigerem Lauf führt, und schließlich hat das Turbinentriebwerk keine sich hin und her bewegenden Teile wie Kolben, was zu einer einfacheren Lagerung der Antriebswelle führt. Der anfänglich größte Nachteil, der hohe Treibstoffverbrauch, ist mittlerweile durch konstruktive Maßnahmen weitestgehend verbessert worden.

Die einfachste Form des Turbinentriebwerks besteht aus einer gelagerten Welle, die am Vorderteil den Verdichter und am Hinterteil die eigentliche Turbine trägt. Dazwischen ist die Brennkammer eingebaut. Dies alles ist in einem dichten Gehäuse untergebracht (Bild 3.1). Der Verbrennungsprozeß selbst läuft ähnlich ab wie in einem Kolbenmotor. Durch den meist mehrstufigen Verdichter – der Name sagt es – wird die Luft angesaugt und komprimiert. Sie gelangt in die Brennkammer, wo durch eine Einspritzvorrichtung Treibstoff zugeführt wird. Durch die Verbrennung nimmt das Volumen des Kraftstoff-Luft-Gemisches schlagartig zu. Bei Kolbenmotoren wurde nun ein hoher Druck aufgebaut, der den Kolben bewegte. Hier wird die hohe Strömungsgeschwindigkeit benutzt, um die Turbine anzutreiben und um Schub zu erzeugen.

Es gibt nun verschiedene Möglichkeiten, die erzeugte Energie zu nutzen. Bei Turboprop-Maschinen wird fast die gesamte Energie dazu benutzt, um den Propeller anzutreiben, während

Der Antrieb

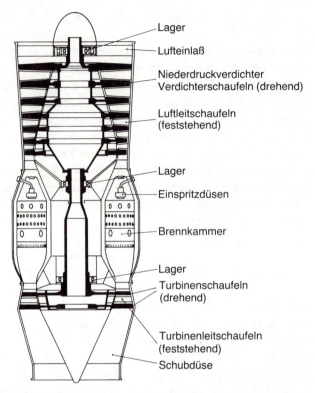

Bild 3.1 Prinzip des Turbo-Luftstrahltriebwerks

bei älteren Militärmaschinen ein Großteil der Strömungsenergie dazu genutzt wurde, Vortrieb zu erzeugen.

Inzwischen haben sich Zweistrom-Luftstrahltriebwerke durchgesetzt. Je nach Verwendungszweck wird ein mehr oder weniger großer Anteil der verdichteten Luft (ähnlich den Turboprops) an der Brennkammer vorbeigeführt, nur ein geringerer Teil der Luft wird weiterverdichtet und in die Brennkammer geleitet. Bei den Triebwerken der Jumbojets ist dieses Nebenstromverhältnis etwa 5 : 1. Hier werden also die Vorteile des Propellerantriebes und des Strahlantriebes vereint. Nachteile hat das Turbinentriebwerk bezüglich des Beschleunigungsverhaltens. Bis die voluminösen Triebwerke vom Leerlauf zur vollen Leistung hochfahren, vergehen je nach Typ ca. 6 bis 10 Sekunden. Die ist auch bei der Lear-Jet-Simulation sehr gut zu bemerken. Deshalb sollte man beim Landeanflug unter 1000 ft die Triebwerke mit mindestens 50 % der Nenndrehzahl betreiben, um im Falle eines Durchstartens oder plötzlich auftretender Windscherung schneller die volle Leistung zur Verfügung zu haben. Bei rechtzeitig hergestellter normaler Landekonfiguration mit ausgefahrenen Landeklappen und Fahrwerk wird dies ohnehin der Fall sein.

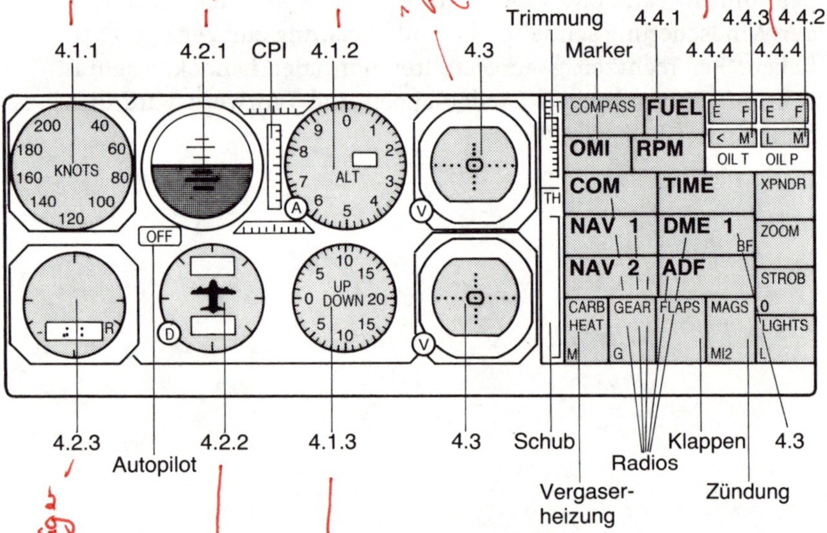
4.1.1
4.2.1
CPI
4.1.2
4.3
Trimmung
Marker
4.4.1
4.4.4
4.4.3
4.4.4
4.4.2
200 40 180 60 KNOTS 160 80 140 100 120
ALT
UP DOWN
OFF
COMPASS
FUEL
OMI
RPM
OIL T
OIL P
COM
TIME
XPNDR
NAV 1
DME 1
ZOOM
NAV 2
ADF
STROB
CARB HEAT
GEAR
FLAPS
MAGS
LIGHTS
4.2.3
Autopilot
4.2.2
4.1.3
4.3
Schub
Radios
Klappen
4.3
Vergaser-heizung
Zündung
Fahrtenmesser
Künstlicher Horizont
Höhenmesser
Kursablageanzeige (zum navigieren)
Drehzahlmesser
Kraftstoffanzeige (linker/rechter Tank)
Öltemperatur
Öldruck
Wendezeiger
Kurskreisel
Variometer (zeigt sinken od. steigen an, schnell, langsam)

Bild 4.1 Das Instrumentenbrett

4
Die Instrumente

Für den Laien ist der Blick in das Flugzeug-Cockpit wegen der vielen Instrumente immer sehr verwirrend. Wenn man aber schon einige Erfahrung mit dem Flugsimulator hat und hier die Anordnung der wichtigsten Instrumente kennt, wird man sich auch im Cockpit eines Verkehrsflugzeuges zurechtfinden. Grundsätzlich ist die Anordnung der wichtigsten Instrumente bei allen Flugzeugen gleich! Die Vielzahl von Instrumenten bei Verkehrsflugzeugen resultiert vor allem daraus, daß die wichtigen Instrumente für Pilot und Kopilot, also doppelt, vorhanden sind und daß sich für jedes Triebwerk zahlreiche Überwachungsinstrumente in der Mitte des Instrumentenbrettes befinden.

Zentral, mitten im Blickfeld des Piloten, liegt der künstliche Horizont, rechts davon der Höhenmesser, links der Geschwindigkeitsmesser, und unterhalb des Horizontes befindet sich der Kurskreisel. Rechts unten liegt das Variometer, links unten der Wendezeiger.

Im Cockpit des Flugsimulators befinden sich rechts von den eben beschriebenen Instrumenten weiter die Anzeigen zweier Navigationsempfänger sowie Instrumente zur Motorüberwachung (Drehzahl, Öltemperatur, Öldruck) und die Füllstandsanzeige des linken und rechten Tragflächentanks. Die Anordnung dieser Instrumente ist bei den verschiedenen Flugzeugtypen nicht einheitlich.

Grundsätzlich unterscheidet man zwischen drei Typen von Instrumenten:

- ☐ Doseninstrumente,
- ☐ Kreiselinstrumente,
- ☐ elektronische Anzeigen.

Die Doseninstrumente dienen zum Bestimmen von Geschwindigkeit und Flughöhe sowie deren Änderung. Die Kreiselinstrumente informieren den Piloten über die Lage des Flugzeuges im Raum. Elektrische und elektronische Instrumente unterrichten den Piloten einerseits über Flugzeugdaten wie zum Beispiel Motordrehzahl, andererseits dienen sie in Verbindung mit stationären Sendern am Boden zur Navigation und zur Bestimmung der Position.

4.1 Doseninstrumente

4.1.1 Fahrtmesser *(airspeed indicator)*

Der Fahrtmesser mißt die Druckdifferenz zwischen dem Staurohr und dem statischen Druck, der rund um das Flugzeug herrscht. Er ermittelt also zunächst immer die Geschwindigkeit zur umgebenden Luft. Bei Rückenwind hat die Maschine gegenüber Grund eine höhere Geschwindigkeit als vom Fahrtmesser angezeigt, bei Gegenwind täuscht der Fahrtmesser eine höhere Geschwindigkeit vor.

Der Fahrtmesser beim Flugsimulator ist in Knoten geeicht. Ein Knoten entspricht einer nautischen Meile pro Stunde, das ist 1,85 Kilometer je Stunde. Die Distanzangaben in der Fliegerei werden in nautischen Meilen gemacht, wir finden diese Einheit auch beim DME wieder.

Um die Sache noch komplizierter zu machen, wird zwischen der

- IAS (indicated airspeed, angezeigte Eigengeschwindigkeit),
- CAS (calibrated airspeed, berichtigte Eigengeschwindigkeit),
- TAS (true airspeed, wahre Eigengeschwindigkeit),
- GS (groundspeed, Geschwindigkeit über Grund)

unterschieden.

Von unserem Instrument lesen wir die IAS ab. Dieser Wert ist leider mit einigen Fehlern behaftet, wovon der größte mit den Dichteänderungen der Atmosphäre zusammenhängt. Je höher das Flugzeug steigt, desto dünner wird die Luft und desto schwächer wird folglich auch der Staudruck, den die Luft ausübt und den das Instrument schließlich anzeigt.

Die berichtigte Eigengeschwindigkeit ist die Geschwindigkeit, die das Flugzeug zur umgebenden Luft hat. Bei einigen Flugzuständen treten kleine Anzeigefehler auf, zum Beispiel dann, wenn die Klappen (flaps) ausgefahren sind oder wenn das Flugzeug einen sehr großen Anstellwinkel hat. Diese Fehler werden in richtigen Flugzeugen in Tabellen erfaßt und so korrigiert.

Die wahre Eigengeschwindigkeit TAS zeigt der Fahrtmesser an, wenn wir in einer Standardatmosphäre in Meereshöhe fliegen.

Die Geschwindigkeit über Grund ist die Geschwindigkeit, mit der wir uns tatsächlich in Relation zum Boden bewegen.

Die Fluggeschwindigkeit V (velocity) muß besonders sorgfältig beim Steigflug und beim Landeanflug beobachtet werden; fällt sie unter einen bestimmten Minimalwert, dann droht das Flugzeug zu überziehen, d. h., die Tragfläche wird nicht mehr sauber umströmt, und die Stömung reißt ab. Dann verliert das Flugzeug rapide an Höhe. Um den Piloten zu warnen, sind Flugzeuge mit einer *stall warning* ausgerüstet, die dem Piloten mit einem Pfeifton vor zu niedriger Fluggeschwindigkeit warnt.

Höchstgeschwindigkeiten müssen beachtet werden, wenn zum Beispiel die Landeklappen ausgefahren werden (V_{fe}). Weiter gibt es eine höchstzulässige Reisegeschwindigkeit (V_{no}) und eine Geschwindigkeit, die unter keinen Umständen überschritten werden darf (V_{ne}).

Ein Pilot sollte auch die Geschwindigkeit für besten Steigwinkel (V_x) (bei dieser Geschwindigkeit steigt das Flugzeug – gemessen an dem Weg, den es zurücklegt – am meisten) und die Geschwindigkeit für bestes Steigen (V_y), bei der das Flugzeug pro Zeiteinheit am schnellsten steigt, griffbereit haben.

4.1.2 Höhenmesser (altimeter)

Der barometrische Höhenmesser in Flugzeugen ist im Prinzip nichts anderes als ein Luftdruckmesser, der den statischen Druck um das Flugzeug mißt. Dieser Wert wird als Höhe gegenüber einer bestimmten Bezugsfläche (meist Meereshöhe) angezeigt. Im Gegensatz zum normalen Barometer ist die Skala aber nicht in Hektopascal (früher Millibar), sondern in Fuß (ft) geeicht. Fuß werden in der Fliegerei immer für Höhenangaben verwendet, ein Fuß ist 0,33 Meter.

Beim Flugsimulator ist die Höheninformation besonders beim Landeanflug wichtig, denn visuell haben wir nur eine sehr grobe Information über unsere Flughöhe. In der Endphase des Anflugs ist aber auch diese Anzeige eigentlich ungenügend, und es erfordert schon eine gewisse Erfahrung, um das Flugzeug im richtigen Moment abzufangen.

Unten links am Höhenmesser befindet sich ein Knopf, der mit dem Buchstaben A gekennzeichnet ist. Mit der Taste <A> können wir das Instrument an den jeweils herrschenden Luftdruck anpassen, so daß die auf dem Höhenmesser angezeigte Höhe am Boden mit der Platzhöhe übereinstimmt.

Der Höhenmesser hat ähnlich wie eine Uhr drei Zeiger, von denen der größte bei 1000 ft Höhenunterschied eine Umdrehung macht, der kleinere macht eine Umdrehung bei 10 000 ft, und

Höhenmesser und Variometer

die Anzeige über 10000 ft erfolgt durch einen kleinen Strich nahe der Ziffer 1.

4.1.3 Variometer (vertical speed indicator)

Das Variometer zeigt, wie schnell das Flugzeug steigt oder sinkt bzw. ob es seine Flughöhe beibehält. Die Skala ist in 100 Fuß je Minute geeicht. Konstruktionsbedingt hinkt die Anzeige des Variometers zeitlich immer etwas hinter der tatsächlichen Steigleistung des Flugzeuges nach. Deshalb sollte man nie versuchen, direkt nach der Anzeige des Variometers zu fliegen. Dies führt immer zum Überkontrollieren des Flugzeuges. Vielmehr dient das Variometer zur Kontrolle des kontinuierlichen Steig- oder Sinkflugs. Im Reiseflug können wir mit Hilfe des Variometers schnell den Trend zum Sinken oder Steigen feststellen.

Hier kann man auch direkt sehen, wieviel schneller das Flugzeug steigt, wenn das Fahrwerk eingezogen ist. Beim Landeanflug errechnen wir aus Entfernung zum Platz (DME) und Flughöhe über dem Platz eine Sinkrate, die mit dem Variometer kontrolliert wird. An dieser Stelle eine einfache Faustformel zur Berechnung der erforderlichen Sinkrate beim Landeanflug: Sie multiplizieren die Geschwindigkeit über Grund mit fünf.

Beträgt Ihre Geschwindigkeit zum Beispiel 80 kt, empfiehlt sich eine Sinkgeschwindigkeit von: 80 · 5 = 400 Fuß pro Minute. Mit dieser Sinkrate hält man einen ca. 2,5 Grad flachen Gleitwinkel ein. Näheres dazu finden Sie im Abschnitt 8.6, Approach and Landing.

4.2 Kreiselinstrumente

4.2.1 Künstlicher Horizont (artificial horizon)

Das wichtigste und daher zentral im Blickfeld liegende Instrument ist der künstliche Horizont. Er informiert uns über den Anstellwinkel (pitch) und die Schräglage (bank) des Flugzeuges. Unter Sichtflugbedingungen (VFR) erhält man diese Informationen auch durch den Blick nach draußen, aber in extremen Fluglagen oder in den Wolken ist man auf den künstlichen Horizont angewiesen.

Von seinem technischen Aufbau her ist der künstliche Horizont ein Kreiselinstrument. In seinem Innern rotiert mit hoher Drehzahl ein Kreisel, dessen Achse senkrecht zur Erdoberfläche steht. Durch seine vollkardanische Aufhängung behält der Kreisel diese Stellung immer bei, während sich das Flugzeug um ihn herum dreht. Mit dem Kreisel ist eine Skala verbunden, an der wir Pitch und Bank des Flugzeuges ablesen können. Die möglichen Fehler des künstlichen Horizonts werden in diesem Programm nicht nachgeahmt und brauchen daher auch nicht berücksichtigt zu werden. Die Darstellung des künstlichen Horizonts hat sich beim FS III wesentlich verbessert. Es sind jetzt Markierungen für die Schräglage vorhanden, und die Pitch des Flugzeuges kann ebenfalls besser bestimmt werden als früher. Die Skala für Pitch liegt in der Mitte des Instruments, ein Teilstrich entspricht jeweils fünf Grad; die Markierungen für Bank sind bei 10, 20, 30, 60 und 90 Grad Schräglage.

4.2.2 Kurskreisel (directional gyro)

Der Kurskreisel ist ebenfalls ein vollkardanisch aufgehängter Kreisel. Im Gegensatz zum künstlichen Horizont liegt die Kreiselachse horizontal. Durch Fehler wandert der Kurskreisel ständig aus, er muß regelmäßig etwa alle 15 Minuten mit Hilfe des magnetischen Kompasses nachgestellt werden. Beim Simulator geschieht dies, indem man im Geradeausflug auf die Taste <D> drückt; dann stimmt die Anzeige von magnetischem Kompaß und Kurskreisel wieder überein. Wenn wir den Flugsimulator nicht im *reality mode* betreiben, wird dieser Fehler unterdrückt. Im Reality mode jedoch laufen die Kursangaben von Kurskreisel und magnetischem Kompaß mit der Zeit auseinander. Leider ist die Anzeige des Kurskreisels digital; mit einer analogen Kompaßrose ist erheblich einfacher zu fliegen. Der Kurskreisel darf nicht mit dem Kreiselkompaß verwechselt werden; er ist kein richtungssuchendes Instrument, sondern behält lediglich seine Lage im Raum bei.

4.2.3 Wendezeiger *(turn and bank indicator)*

Der Wendezeiger ist ein Kreiselinstrument zur Anzeige der Drehgeschwindigkeit; er zeigt uns, wie schnell das Flugzeug seine Flugrichtung ändert. Auf dieses Instrument muß man besonders achten, wenn man Standardkurven fliegt. Hier liefert es die wichtige Information, um wieviel Grad sich das Flugzeug je Sekunde dreht. Wenn die Flächenspitze des symbolisierten Flugzeuges genau auf den kleinen Punkt zeigt, fliegen wir eine Standardkurve mit einer Drehgeschwindigkeit von 3 Grad je Sekunde. In einer Minute macht das Flugzeug eine Kurve von 180 Grad, befindet sich dann also genau auf Gegenkurs. Beim Wendezeiger besitzt der Kreisel nur zwei Freiheitsgrade, seine Achse liegt parallel zur Flugzeugquerachse. Durch äußere Krafteinwirkung (Einleiten der Kurve) präzediert der Kreisel, er weicht zur Seite aus. Diese Ausweichbewegung wird im Cockpit im Wendezeiger zur Anzeige gebracht.

Der Wendezeiger ist ein sehr empfindliches Instrument, das Kursänderungen schnell anzeigt; damit ist er auch geeignet, die Wirkung von kurzen Ruderausschlägen direkt anzuzeigen.

Unter dem Wendezeiger befindet sich die Kugellibelle. Sie ist völlig unabhängig vom Kreiselteil. Ihre Aufgabe ist die Überwachung der Kurvenqualität. Dieses Instrument zeigt uns an, ob die Kurve mit dem richtigen Maß an Seitenruder geflogen wird.

Vom technischen Aufbau her ist die Kugellibelle ein einfaches Instrument: Ein kreisbogenförmig gekrümmtes Glasröhrchen ist mit einer Dämpfungsflüssigkeit gefüllt. In dem Röhrchen befindet sich eine Stahlkugel, die sich frei bewegen kann. Im Horizontalflug sucht sich die Kugel aufgrund der Schwerkraft den tiefsten Punkt aus; dieser Punkt ist die Mitte des Glasröhrchens. In einer Kurve wirken zwei Kräfte auf die Kugel: die Schwerkraft und die Zentrifugalkraft. Fliegt man die Kurve koordiniert, also mit einer der Drehgeschwindigkeit angepaßten Schräglage und Seitenruderausschlag, so befinden sich beide Kräfte im Gleichgewicht, die Kugel bleibt in der Mitte. In diesem Fall spricht man von einem koordinierten Flug. Wenn wir die *Autokoordination ON* haben, wird die Kugel immer in der Mitte sein.

4.3 Elektronische Instrumente

Moderne Flugzeuge verfügen nicht nur über die oben beschriebenen «klassischen» Instrumente, sondern sind mit Navigationsempfängern ausgerüstet, den sogenannten «Radios». Diese Empfänger können auf am Boden installierte Sender abgestimmt werden. In Erinnerung an Leuchttürme in der Seefahrt werden diese Sender Funkfeuer genannt. Der Navigationsempfänger, auf einen dieser Sender abgestimmt, ermittelt mit Hilfe der Phasenverschiebung die Position des Flugzeuges relativ zum Sender. Manche Funkfeuer ermöglichen auch eine Entfernungsbestimmung; diesen Wert können wir an dem Instrument mit der Bezeichnung *DME* ablesen. Die Entfernung wird in Meilen gemessen. *DME* ist die Abkürzung für *distance measuring equipment*, auf deutsch Entfernungsmeßgerät.

Das Anzeigegerät des Navigationsempfängers (course deviation indicator, CDI, vielfach auch OBI, omni bearing indicator genannt) kann auch beim Instumentenlandeanflug genutzt werden; dafür gibt es spezielle Funkfrequenzen. Die Bedienung und das Funktionsprinzip der Navigationsempfänger sind ausführlich in den Kapiteln 5 «Radios» und 6 «Navigation» beschrieben.

In unserem Cockpit befinden sich zwei CDIs mit den dazugehörenden Empfängern. An dem Anzeigegerät (CDI) ist unten links ein kleiner Knopf, der mit dem Buchstaben V gekennzeichnet ist. Mit diesem Knopf wird das Radial, auf den das Instrument ansprechen soll, eingestellt. Das Radial wird dann oben im Instrument angezeigt, unten erscheint der Gegenkurs. Zum Einstellen des Radials, also des Winkels relativ zum Funkfeuer, drückt man zunächst die Taste <V>. Wenn man das untere Gerät einstellen will, muß man nun die Zifferntaste 2 auf der oberen Reihe der Tastatur drücken. Nur diese Reihe ist für die Zahleneingabe geeignet, denn der Zehnerblock beim IBM PC ist für die Richtungssteuerung belegt. Mit den Tasten <ß> bzw. <'> können wir jetzt ein Radial einstellen. Die merkwürdige Tastenbelegung liegt daran, daß bei der amerikanischen Tastatur die Plus- und Minustasten anstelle der <ß>- und der <'>- Tasten liegen. Wenn Sie oft fliegen (mit dem Computer), markieren Sie diese Tasten am besten mit kleinen Aufklebern. So kommen Sie auch dann nicht durcheinander, wenn es einmal schnell gehen muß.

Das Einstellen der Navigationsempfänger wird durch Drücken von <N> eingeleitet; dann kann man die Empfangsfrequenz mit den oben beschriebenen Tasten einstellen. Zunächst stellen Sie die Vorkommastellen ein. Wenn Sie zweimal kurz hintereinander <N> drücken, können Sie die Nachkommastellen einstellen. Mit der Maus geht's natürlich einfacher.

Wie Sie mit diesem Instrument navigieren, wird im Kapitel 6 beschrieben.

4.4 Sonstige Instrumente

4.4.1 Drehzahlmesser

Er zeigt digital die Drehzahl des Motors an und gibt uns so einen Anhaltspunkt für die abgegebene Leistung. In einer älteren Version des Flugsimulators wurde ein Zeigerinstrument benutzt; mit der digitalen Ausführung ist es aber einfacher, eine vorgegebene Drehzahl einzustellen. Die Drehzahl des Motors ist von der Einstellung des Gashebels (throttle) und von der Geschwindigkeit des Flugzeuges abhängig.

4.4.2 Öldruckmesser

Ein ausreichender Öldruck ist für den Motor unerläßlich. Bei zu niedrigem Öldruck wird er nicht mehr ausreichend geschmiert, die Lager laufen heiß, und der Motor wird zerstört. Wenn Sie das Flugzeug auf dem Rücken fliegen, was Ihnen nach einigen Versuchen sicher gelingt, werden Sie feststellen, daß der Öldruck sofort zusammenbricht. Die Maschine ist nur bedingt kunstflugtauglich.

4.4.3 Öltemperaturanzeige

Bevor der Motor voll belastet werden darf, muß er erst seine Betriebstemperatur erreicht haben. Das Maß hierfür ist die Öltemperatur. Defekte im Motor oder unzureichende Kühlung äußern sich meist zuerst in einem Ansteigen der Öltemperatur, bevor der Motor mit Leistungsabfall reagiert.

4.4.4 Kraftstoffanzeige

Das Flugzeug hat Kraftstofftanks in der linken und rechten Tragfläche. Jeder Tank wird mit einem Instrument überwacht. Kraftstoffmangel ist eine der häufigsten Unfallursachen. Überwachen Sie Ihren Kraftstoffvorrat daher sorgfältig.

5
Die Radios

5.1 Navigationsempfänger

Unter «Radios» können Sie sich sicher etwas vorstellen. Der Begriff «Radios» umfaßt im Flugzeug die Empfangs- und auch Sendeanlagen.

Zu Navigationszwecken haben wir nur Empfänger eingebaut. Dies sind:

NAV 1 (VOR-Empfänger),
NAV 2 (VOR-Empfänger),
ADF (NDB-Empfänger).

Was VOR und NDB heißt und wie man damit navigiert, lesen Sie bitte im Abschnitt 6.2 «Funknavigation» nach.

Die VOR-Empfänger arbeiten im UKW-Band oberhalb der Ihnen bekannten Rundfunkfrequenzen. Ihr Frequenzbereich geht von 108 bis 117,95 MHz. Der Kanalabstand beträgt 0,05 MHz (50 kHz).

Der ADF-Empfänger arbeitet im Mittelwellenbereich von 200 bis 999 kHz. Die Frequenz kann in Schritten von 1 kHz gerastet werden.

5.1.1 NAV 1

Der NAV-1-Empfänger ist mit dem VOR-1-Anzeigegerät (CDI) gekoppelt. Dies ist das obere der beiden CDIs.
Es gibt jetzt mehrere Möglichkeiten, die Frequenzen zu rasten.
Am einfachsten geht es natürlich mit der Maus.

Will man Frequenzen verstellen, so kann man diese vergrößern, indem man auf die rechte Ziffer der Frequenz zeigt und dabei den linken Mausknopf mehrfach drückt. Soll die Frequenz verkleinert werden, zeigt man auf die äußerste linke Ziffer und klickt den linken Mausknopf. Die Vor- bzw. Nachkommastellen werden dabei, wie im richtigen Flugzeug, separat bedient.
Beispiel: Die Frequenz 119,05 soll verstellt werden.

Vorkommastellen
Vergrößern: Auf die 9 deuten und linken Knopf drücken.
Verkleinern: Auf die 1 deuten und linken Knopf drücken.

Nachkommastellen
Vergrößern: Auf die 5 deuten und linken Knopf drücken.
Verkleinern: Auf die 0 deuten und linken Knopf drücken.

Hat man keine Maus (Computermaus selbstverständlich), sondern nur das IBM-Keyboard, so muß man die Taste <N> (steht für Navigation) und danach die Nummer des gewünschten Empfängers, also <1> für NAV 1, drücken. Nun kann man mit den Tasten <+> und <–> (auf der amerikanischen Tastatur) bzw. <ß> und dem rechts danebenliegenden <,> (auf der deutschen Tastatur) die Vorkommastellen der Frequenz einstellen. Es sind Werte von 108 bis 117 einstellbar.

Will man noch die Nachkommastellen verändern, so muß man zweimal hintereinander <N> drücken. Danach wie bereits oben beschrieben die Frequenz wählen.

5.1.2 NAV 2

Sie werden sich nun schon denken können, daß der NAV-2-Empfänger mit dem CDI 2 gekoppelt ist. Der NAV-Änderungsmodus ist nach dem Einschalten auf NAV 1 eingestellt. Wollen Sie auf NAV 2 die Frequenz verstellen, so drücken Sie bitte <N> und danach <2>. Nun können Sie auf die vorher beschriebene Weise die Vorkommastellen verändern. Wenn Sie die Nachkommastellen ändern wollen, brauchen Sie nur zweimal <N> zu drücken, ohne noch die <2> hinzuzusetzen, da der Computer die einmal eingestellte Betriebsart beibehält. Dies hat natürlich den Nachteil, daß man durch einen ungewollten Tastendruck die Frequenz verstellen kann und sich anschließend wundert, was der CDI anzeigt. Deshalb ist es ratsam, den Änderungsmodus auf einen imaginären Empfänger, z. B. durch Drücken von <N> <3>, zu verstellen und so unseren NAV-2-Empfänger zu sichern. Will man nun wieder NAV 1 verstellen, so muß erneut <N> <1> gedrückt werden.

5.1.3 ADF

ADF steht für *automatic direction finder*, also automatischer Richtungsfinder. Genaueres hierzu finden Sie wieder im Abschnitt 6.2.

Normalerweise erscheinen auf dem Instrumentenbrett nur die VOR-Empfänger und -Anzeigegeräte. Wollen Sie auch mit ADF fliegen, so müssen Sie im NAV/COM-Menü das ADF erst aktivieren. Der Computer lädt nun den ADF-Teil des Programms nach. Anstelle des NAV-2-Empfängers und -Anzeigegeräts erscheint nun das ADF-System. Um wieder das Arbeiten mit zwei VORs zu ermöglichen, muß erneut das NAV/COM-Menü benutzt werden.

Nun zum Rasten der Frequenz. Das ADF hat den Platz unseres CDI 2 eingenommen, und so ist es folgerichtig auch mit <N>

<2> anzuwählen. Die Frequenzangabe besteht aus drei Ziffern. Jede ist einzeln einstellbar. Durch ein, zwei oder dreimaliges Drücken von <N> kann man die linke, die mittlere oder die rechte Ziffer verändern und somit die Frequenz des entsprechenden Funkfeuers einstellen.

5.2 Sprechfunk

Der Sprechfunk ist neben dem Radar die wichtigste Einrichtung zur Flugsicherung. Normalerweise sind in Flugzeugen zwei Sprechfunkgeräte eingebaut, um auch bei Ausfall eines Transceivers noch Kontakt mit Bodenstellen herstellen zu können.

Bei unserem Simulatorprogramm existiert nur eines, was auch völlig ausreicht, da wir wohl niemanden finden, der mit uns reden will. Im Simulator benutzt man die Sprechfunkgeräte nur, um die sogenannte ATIS (automatic terminal information service) zu empfangen. Senden ist nicht möglich, wohin auch?

Die ATIS ist eine kontinuierlich abgestrahlte Meldung, die alle halbe Stunde auf den neuesten Stand gebracht wird und die Auskunft über das aktuelle Platzwetter und eventuelle Besonderheiten wie z. B. gesperrte Rollwege gibt. Sie kann sowohl über Sprechfunkfrequenzen als auch über VOR-Frequenzen abgestrahlt werden.

Im Flugsimulator wird die ATIS nur über die COM(communication)-Frequenzen empfangen. In den Area-Karten des FS III finden Sie die ATIS-Frequenzen der einzelnen Airports. Leider hat nicht jeder Airport eine ATIS beim Programmieren abbekommen. Im Anhang haben wir nochmals alle zu empfangenden ATIS-Frequenzen zusammengestellt.

In altbekannter Weise erreicht man mit der Taste <C> den Änderungsmodus für den COM-1-Empfänger. Des weiteren stellen Sie die Vor- und Nachkommastellen, wie schon bei den NAV-Empfängern beschrieben, ein. Nun zurück zur ATIS.

Sprechfunk 67

Wenn wir nach dem Laden des Programms auf Meigs Airfield stehen, so ist die nächstgelegene ATIS die des Verkehrsflughafens Chicago Midway. Rasten Sie nun auf COM 1 die Frequenz 128,05. Nach ca. einer Sekunde erscheint auf dem Bildschirm die ATIS im Klartext. Wem es zu schnell gegangen ist, der kann durch Druck auf die Taste <C> die Meldung nochmals erscheinen lassen. Realistischer wäre es, wenn die ATIS kontinuierlich wiederholt würde, solange die Frequenz eingestellt bleibt.

Auf dem Bildschirm erscheint:

Chicago Midway Information Foxtrott
13:00 Zulu   Weather
Visibility 10, Temperature 65
Wind 00 at 0,   Altimeter 29.95 — Luftdruck
Advise Controller on initial contact that you have Foxtrott

Was heißt das nun?

In der ersten Zeile stehen der Name des Airports und der Kennbuchstabe der Information, hier ist es F, also Foxtrott. In der zweiten Zeile steht die Uhrzeit. Die ATIS wurde um dreizehn Uhr *Zulu, also Weltzeit (UTC)*, erstellt. Nun folgt das Wetter. Die Sicht (visibility) beträgt 10 Meilen, die Temperatur 65 Grad Fahrenheit (18 Grad Celsius). In der vierten Zeile finden Sie die Windinformation. Zuerst wird die Richtung, dann die Geschwindigkeit in Knoten angegeben. Ein Beispiel: Wind 270 at 15 heißt, Wind aus Westen mit 15 Knoten Stärke. Des weiteren finden wir in dieser Zeile den Luftdruck. In Amerika wird er nicht in Hektopascal (vormals Millibar), gemessen, sondern in *inch Hg*, also nach der Quecksilbersäule geeicht. Auf diesen Druck müssen Sie das Altimeter einstellen, damit es die Platzhöhe über Meeresspiegel anzeigt. Zum Schluß wird der Pilot noch aufgefordert, beim ersten Sprechfunkkontakt mit der Kontrollstelle anzugeben, daß er die ATIS abgehört hat. Der Controller braucht sich nun nicht den Mund fusselig zu reden, um uns die notwendigen Informationen zur Landung oder zum Start zu geben.

5.3 SSR-Transponder

Was ein Transponder ist, wissen wohl die wenigsten unter Ihnen. Es ist ein Sekundärradargerät (secondary surveillance radar). So, jetzt ist Ihnen sicher vieles klarer!
Der Transponder unterstützt also das Primärradar der Flugsicherung (air traffic control, ATC). Wie macht er das? Der Fluglotse weist dem Piloten einen vierstelligen Code (Fachsprache *squawk*) zu, der am Transponder eingestellt wird. Die Bodenstation sendet nun nicht nur Radarwellen, sondern auch noch Abfrageimpulse aus. Wird das Flugzeug vom Radarstrahl der Bodenstation und den Abfrageimpulsen getroffen, so sendet der Transponder ein Antwortsignal. In der Bodenstation wird von den Computern das eigentliche Radarecho mit dem Sekundärradarempfang kombiniert. Der Fluglotse sieht jetzt nicht nur den verwaschenen Fleck des Primärradarechos auf seinem Bildschirm, sondern noch zusätzlich wird direkt daneben das Rufzeichen der Maschine eingeblendet, die dieses Echo erzeugt. Dies ist schon eine erhebliche Erleichterung. Zusätzlich ist es noch möglich, vom Höhenmesser eine Höheninformation abzugreifen und sie auf das Transpondersignal zu modulieren. Somit hat die Flugsicherung eine exakte Positionsdarstellung inklusive der Flughöhe. Es gibt nun eine Reihe von Standardcodes, von denen auf drei kurz eingegangen werden soll:

1200
Dies ist in den USA der Standardcode für alle Kleinflugzeuge, die nach Sichtflugregeln fliegen. Er sollte immer eingestellt sein, es sei denn, die Flugsicherung (ATC) weist einen anderen Code zu.

7600
Hiermit wird der Ausfall der COM-Radios angezeigt. Verliert ein Pilot die Möglichkeit der Sprechfunkkommunikation, z. B. durch Blitzschlag, so kann er mit diesem Code die Flugsicherung davon unterrichten. ATC weiß jetzt, welche Probleme der Pilot hat und daß er sich an für diesen Fall festgelegte Verfahren halten wird. Andere Flugzeuge können entsprechend umgeleitet werden.

7700
Dieser Code signalisiert einen Notfall jeglicher Art. Ob Triebwerksausfall oder andere schwere Notfälle, mit diesem Squawk hat ein Flugzeug absoluten Vorrang. ATC weiß dadurch auch sofort, welches Flugzeug auf dem Radarschirm in Not ist.

Nun zum Einstellen des Codes

Der Transponder wird mit der Taste <T> angesprochen. Man drückt diese Taste ein-, zwei-, drei- oder viermal schnell hintereinander, um die erste, zweite, dritte oder vierte Ziffer verändern zu können. Verstellt werden die Ziffern dann wie gehabt mit den Tasten <ß> und <'>.

Bei Mausbenutzung wird einfach auf die entsprechende Stelle gezeigt und durch Klicken des linken Knopfes die gewünschte Zahl verstellt.

6
Navigation

6.1 Allgemeine Navigation

«Navigation ist, wenn man trotzdem ankommt» bewies schon CHRISTOPH COLUMBUS, als er nach Indien wollte, aber in Amerika ankam! Zu seiner Zeit gab es natürlich noch keine Funknavigation. Er mußte terrestrische Navigation betreiben, also nach markanten Küstenpunkten navigieren. Hatte er diese nicht mehr in Sicht, so mußte er sich nach den Sternen richten. Wir haben es heute etwas einfacher. Die Grundlagen der Navigation stammen jedoch aus alten Tagen.

Die Erde ist keine Kugel, sondern leicht ellipsenförmig an den Polen abgeplattet. In der navigatorischen Praxis wird jedoch von einer idealen Kugelform ausgegangen. Der mittlere Erdradius beträgt 6370 km. Daraus errechnet sich der Erdumfang zu etwa 40 000 km.

Um eine Ortsbestimmung auf der Erde vornehmen zu können, braucht man ein Koordinatensystem. Es gibt deshalb den Begriff der geografischen Länge und der geografischen Breite.

Die geografische Breite variiert von 0 bis 90 Grad Nord und von 0 bis 90 Grad Süd. Ist die Breite 0, sind wir auf dem Äquator. Bei 90 Grad Nord ist unsere Position auf dem Nordpol.

Die geografische Länge variiert von 0 bis 180 Grad West und von 0 bis 180 Grad Ost. Diese Längengrade nennt man auch Meridiane. Der Null-Meridian verläuft durch die englische Stadt Greenwich.

Bruchteile von Graden sind Bogenminuten und Bogensekunden, womit auch ausgedrückt ist, daß ein Grad 60 Minuten und eine Minute 60 Sekunden hat.

Eine exakte Positionsangabe besteht also aus zwei Koordinatenwerten: dem Nord/Süd- und dem Ost/West-Wert. Diese Werte werden mit sechs Ziffern angegeben.

Um Ihnen die Positionsangaben zu veranschaulichen, hier die Position des Frankfurter Flughafens:

Nord 50 03 00
Ost   08 34 30

Im Klartext, Frankfurts Position ist:

50 Grad 3 Minuten   0 Sekunden Nord
8 Grad 34 Minuten 30 Sekunden Ost

Aus den Breitengraden entwickelte sich auch die Längeneinheit der Navigation: die Seemeile (nautical mile, NM). Eine Seemeile entspricht einer Bogenminute auf dem Äquator.

Um ein Winkelmaß in ein Längenmaß umrechnen zu können, muß der Radius bekannt sein. Da der mittlere Erdradius mit 6370 km bekannt ist, läßt sich eine Seemeile mit 1,852 km berechnen.

Der Abstand der Längengrade (1 Grad = 60 Minuten) beträgt also am Äquator 60 NM.

Die vier Himmelsrichtungen und ihre Unterteilung in 360 Grad lernt man schon in der Grundschule. Nicht aber, daß es verschiedene Definitionen der Richtungen gibt, die sich in der Bezugsrichtung unterscheiden. Es gibt:

Allgemeine Navigation

Wahres Nord (true north, TN),
Magnetisch Nord (magnetic north, MN),
Kompaß-Nord (compass north, CN).

Die wahre Nordrichtung (TN) orientiert sich an den Längengraden, sie zeigt also immer zum geografischen Nordpol. Die magnetische Nordrichtung orientiert sich am Magnetfeld der Erde. Der magnetische Nordpol ist aber leider nicht mit dem geografischen Nordpol identisch. Der Winkelunterschied zwischen der wahren und der magnetischen Nordrichtung ist von Position zu Position verschieden, man nennt diesen Unterschied *Variation*. Die Variation ist in Navigationskarten eingetragen.
Kompaß-Nord entsteht durch Anzeigefehler des Kompasses. Diese Abweichung nennt man *Deviation*. Zur Korrektur dieses Fehlers gibt es Deviationstabellen, die am Kompaß angebracht sind. Im Flugsimulator kümmern uns diese Einflüsse wenig.

Ebenso, wie wir die Bezugsrichtungen unterschieden haben, müssen wir natürlich auch die Kursangaben in der beschriebenen Art und Weise unterscheiden. Es gibt also einen:

wahren Steuerkurs (true heading, TH),
magnetischen Steuerkurs (magnetic heading, MH),
Kompaßkurs (compass heading, CH).

Wir sprechen der Einfachheit halber in Zukunft nur noch vom Steuerkurs bzw. Heading der Maschine. Gemeint ist immer der auf magnetisch Nord bezogene Kurs (MH).

Die imaginäre Welt, in der wir uns mit dem Flugsimulator bewegen, ist keineswegs rund. Sie ist flach und von einer Ausdehnung von etwa 10 000 mal 10 000 Meilen. Das Koordinatensystem ist ebenfalls etwas modifiziert. Der Nullpunkt dieses Systems liegt bei 40 Grad Nord und 88 30 Grad West. Dieser Punkt liegt etwa 30 Meilen südwestlich von Champaign, Illinois. Hier hat wohl der Autor des Flugsimulators – Bruce Artwick – seine Heimatstadt zum Nabel der Welt gemacht. Von dort aus reicht unsere Welt bis nach Kanada, Mexiko und den Karibischen Inseln. Versuchen Sie also ruhig einmal, die Bahamas zu erreichen. Allerdings sind nur die im Programm angegebenen Areas auch mit Städten und Flugplätzen bedeckt. Alles andere ist unbesiedelt. Sie haben allerdings die Möglichkeit, weitere Landschaftsdisketten zu erwerben, und können damit Ihren Aktionsradius auf die gesamte USA, Japan und auf Westeuropa erweitern.

Die Flugplätze, die Sie anfliegen können, sind meistenteils direkt von Fotografien oder Karten digitalisiert worden, deshalb die genaue Darstellung! 118 Flugplätze existieren in der imaginären Welt des Flugsimulators. Mit einem Instrumentenlandesystem (ILS) sind jedoch nur fünf Airports ausgestattet worden, jeweils nur einer in der betreffenden Area.

6.2 Funknavigation

6.2.1 VOR

VOR ist die Abkürzung für *very high frequency omnidirectional radio range*. Übersetzt heißt das UKW-Drehfunkfeuer. Diese Funkfeuer arbeiten also im UKW-Band, und zwar auf Frequenzen von 108,00 bis 117,95 MHz. Warum aber Drehfunkfeuer?

Das Prinzip der Drehfunkfeuer stammt, wie so vieles in der Fliegerei, aus der Seefahrt. Diese Leuchtfeuer haben ein rundumstrahlendes Blinklicht und ein sich im Uhrzeigersinn drehendes Dauerlicht. Das grün strahlende Blinklicht blitzt alle sechzig Sekunden einmal auf. Das rote, rundumlaufende Licht zeigt bei Beginn der Minute, also wenn das Blinklicht aufblinkt, genau auf null Uhr bzw. nach Norden. Für einen Umlauf benötigt es genau eine Minute.

Befinden wir uns in der Null-Uhr-Position des Leuchtfeuers, so sehen wir das grüne und das rote Licht gleichzeitig aufleuchten. In jeder anderen Richtung vom Leuchtturm sehen wir die

Funknavigation

beiden Lichter mit einer bestimmten Phasenverschiebung. Wir brauchen uns jetzt nur eine Stoppuhr zu nehmen und sie beim Aufblitzen des grünen Lichts (Bezugsphase) zu starten. Beim Aufblitzen des roten Lichts (Umlaufphase) stoppen wir sie wieder. Beträgt die gestoppte Zeit 15 Sekunden, so befinden wir uns im Osten, bei 30 Sekunden im Süden und bei 45 Sekunden Laufzeitunterschied im Westen des Leuchtfeuers.

In der Fliegerei sitzt natürlich niemand mehr mit der Stoppuhr im Anschlag und wartet sehnsüchtig auf das Aufblitzen des Leuchtfeuers, aber dem Prinzip nach funktioniert die VOR-Navigation auf diese Weise. Auch hier werden eine Bezugsphase und eine Umlaufphase gesendet. Sind beide Signale in Phase (dies entspricht dem gleichzeitigen Aufblinken in unserem vorherigen Beispiel), so befinden wir uns im Norden. Beträgt die Phasenverschiebung zwischen den beiden Signalen 90 Grad, sind wir genau östlich der Station, bei 180 Grad genau südlich usw. (Bild 6.1). Die Phasenverschiebung der Signale gibt also genau die Lage des Flugzeuges in bezug zur VOR-Station an. Als Bezugsrichtung der Null-Grad-Phasenverschiebung dient meist die magnetische Nordrichtung. Nur bei einigen VOR-Sendern im hohen Norden wird die wahre Nordrichtung als Bezugsphase genommen, da die magnetischen Feldlinien keine Kompaßnavigation mehr zulassen.

Theoretisch sind unendlich viele Phasenwinkel möglich. Praktisch verwendet man nur 360, nämlich von 1 bis 360 Grad, entsprechend der Kompaßrose. Diese so entstandenen Leitstrahlen nennt man Radiale (radials). Befindet man sich auf dem Radial 270, ist man also genau westlich der Station.

Es gibt mehrere Arten von Anzeigegeräten für VOR-Peilungen. Hier einige davon:

    RMI (radio magnetic indicator),
    CDI (course deviation indicator),
    CDI mit Kompaßkarte.

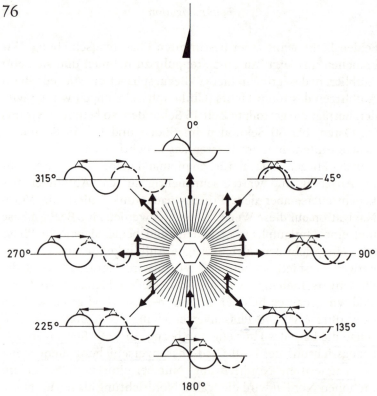

Bild 6.1   Phasenverschiebung in Abhängigkeit von der Richtung

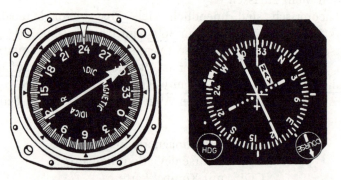

Bild 6.2   RMI (links) und CDI mit Kompaßkarte

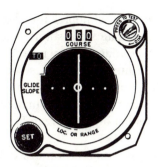

Bild 6.3 CDI

Wir finden im Simulator nur den CDI (course deviation indicator), was mit Kursablageanzeiger übersetzt werden kann (Bild 6.3). Dieser wird häufig auch OBI (omni bearing indicator) genannt. Der Vollständigkeit halber soll auch auf den RMI und den CDI mit Kompaßkarte eingegangen werden (Bild 6.2).

RMI: Das eigentliche Anzeigegerät des RMI ist die Nadel. Dahinter ist noch eine drehbare Kompaßrose eingebaut. Diese Kompaßrose ist mit dem Kurskreisel gekoppelt. Den Kurs des Flugzeuges lesen wir oben an der Kompaßrose ab. Die Nadel zeigt mit ihrer Spitze den Kompaßkurs zum eingestellten Funkfeuer an. An ihrem Ende können wir direkt das Radial ablesen. Man kann an dieser Art der Anzeige sofort erkennen, auf welchem Radial man sich befindet. Auf diese Weise erhält man eine Standlinie zur Positionsbestimmung.

Sie können auch erkennen, daß der Kurs, der zur Station führt, sich aus der Beziehung «Radial + 180» ergibt. Dies ist unabhängig vom Steuerkurs, den das Flugzeug fliegt. Es muß eben nur mehr oder weniger stark eingekurvt werden. Versuchen Sie, sich diese Zusammenhänge klarzumachen. Wir werden beim ADF RMI darauf zurückkommen.

CDI mit Kompaßkarte: Dies ist das modernste und beste VOR-Anzeigegerät. Es vereinigt einen Kurskreisel und einen

CDI in sich. Mit dem Kursknopf kann der gewünschte Kurs eingestellt werden, und man sieht sofort, wie man sich zu dem gewünschten Radial befindet. Beim normalen CDI muß man sich mit viel Vorstellungskraft über seine Lage zur Station klarwerden. Der CDI mit Kompaßkarte nimmt einem Piloten dies ab. Da dieses Instrument nicht in unserem Flugzeug eingebaut ist, wollen wir es bei dieser kurzen Darstellung bewenden lassen.

CDI: Das Prinzip und die Funktion des CDI wurde schon im Kapitel 4 beschrieben. Hier soll darauf eingegangen werden, wie man damit navigiert.

Von diesem Gerät wird keine Kompaßinformation gegeben, und man kann nicht – wie beim RMI – sofort feststellen, auf welchem Radial man sich nun befindet.

Mit den Tasten <V> <n>, dem Menüpunkt «NAV Radio» oder durch Zeigen der Maus auf den Buchstaben <V> am entsprechenden CDI wird die VOR-Verstellroutine aktiviert. Der Buchstabe <n> steht hierbei für die Nummer des gewünschten Instruments. Für den CDI 1 ist also n = 1. Mit den bekannten Tasten <ß> und <'> sowie den Mausknöpfen wird das gewünschte Radial eingestellt. Dieser Zahlenwert wird digital oben im CDI angezeigt. Der entsprechende komplementäre Wert erscheint unterhalb der Anzeigenadel.

Dadurch wird im Empfänger ein Sollwert, d. h. eine Soll-Phasendifferenz eingestellt. Nun wird ein Soll-Ist-Vergleich durchgeführt. Ist dieser Wert unter 10 Grad, so fängt die sogenannte *course deviation bar* (das ist die Anzeigenadel) an, sich zu bewegen. Befinden wir uns genau auf dem eingestellten Radial, so ist die Differenzspannung null, und die CDI-Nadel steht genau in der Mitte (Bild 6.4).

Diese Differenzspannung ist aus konstruktionsbedingten Gründen aber auch null, wenn wir uns auf dem komplementären Radial, also auf dem eingestellten Radial ± 180 Grad befinden. Dies hat navigatorische Vorteile, wenn man von einem zu

VOR

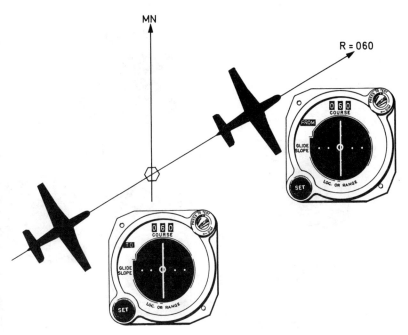

Bild 6.4   TO- (links) und FROM-Anzeige

einem anderen VOR fliegt. Der Kurs zwischen beiden Funkfeuern ist gleich, man braucht also nur eine andere Frequenz einzustellen. Am Kurs selbst braucht nichts verstellt werden. Dies hat aber den Nachteil, daß bei einer Peilung mit dem CDI nicht zu ermitteln wäre, auf welcher Seite des VORs man sich befindet (Bild 6.5). Um dies zu ermöglichen, gibt es die *to/from*-Anzeige. Ob man sich auf der «to»- oder «from»-Seite des VOR befindet, kann man an den Buchstaben TO oder FR ablesen, die im CDI erscheinen.

Die TO/FR-Anzeige ist, wie auch die Anzeige des Radials, unabhängig vom Kurs des Flugzeuges. Wie muß man sie nun interpretieren?

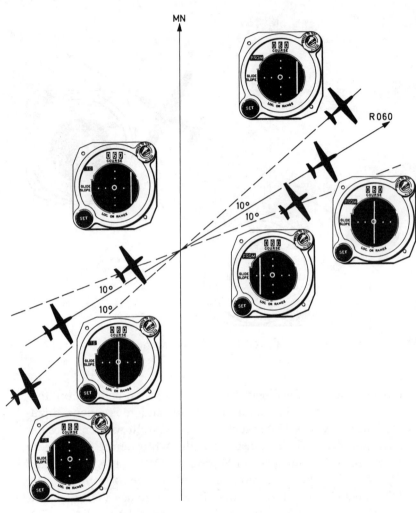

Bild 6.5

Zusätzlich zu dem Sollwert der Phasenverschiebung, die als Radial eingestellt wird, sorgt im CDI eine elektronische Schaltung dafür, daß die Werte R ± 90 (R steht für Radial) errechnet werden. In der Darstellung Bild 6.5 ist das eingestellte Radial «060».
R ± 90 ergibt dann 150 und 330 Grad. Ergibt die Phasenvergleichsmessung eine Phasendifferenz im Bereich von 270 bis 90 Grad (also im Beispiel die Radiale von 330 bis 150), so erscheint die «FR»-Anzeige. Bei Phasendifferenzen zwischen 90 und 270 Grad bekommen wir die «TO»-Anzeige zu sehen. Es wird also eine imaginäre Trennungslinie erzeugt, die senkrecht auf dem Radial und durch die VOR-Station verläuft. Veranschaulichen Sie sich dies im Bild.
Nochmals ein Beispiel: Das eingestellte Radial soll 360 bzw. 000 sein. Sind wir nördlich des VOR, so erscheint die «FR»-Anzeige. Wir brauchen dabei nicht unbedingt genau auf dem eingestellten Radial zu sein. Die gemessene Phasendifferenz liegt zwischen 270 und 090 Grad.
Sind wir hingegen im südlichen Bereich, so erscheint die «TO»-Anzeige, da die Phasendifferenz zwischen 090 und 270 Grad liegt.
Dazu eine kleine Übung:

Eingestelltes Radial: 090
Anzeige: TO

Befinden Sie sich auf der westlichen oder östlichen Seite der VOR?
Mit einer kleinen Eselsbrücke kann man sich anfangs etwas helfen. Ist die *course deviation bar* in der Mitte und erscheint die «FR»-Anzeige, so befinden Sie sich auf dem Radial (Eselsbrücke: FR enthält ein R).
Will man «zu» einem Funkfeuer fliegen, so sollte man sich den Kurs so eindrehen, daß eine «TO»-Anzeige erscheint. Fliegt man «von» einem VOR weg, sollte man mit «FR»-Anzeige

fliegen. Die Anzeigenadel stellt dann symbolisch die Mittellinie der Luftstraße oder einfach die eingestellte Kurslinie dar. Ist die Nadel in der linken Hälfte, müssen wir nach links korrigieren, rechts gilt das gleiche. Man fliegt also «in die Nadel hinein».

Beherzigen Sie diesen Ratschlag nicht, so kann dies zu reichlich Verwirrung führen. Die Nadel zeigt dann nämlich genau in die andere Richtung. Versuchen Sie, dies anhand von Bild 6.5 nachzuvollziehen. Nun noch schnell die Lösung unserer kleinen Übung: Sie befinden sich westlich der VOR.

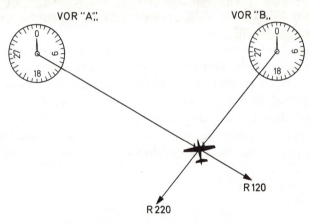

Bild 6.6   Standortbestimmung mit 2 VORs

Die VORs benutzt man aber nicht nur zur Streckennavigation, sondern auch zur Positionsbestimmung. Wie bereits angedeutet, ist ein Radial eine Standlinie. Ergibt unsere Peilung mit der VOR-Station A das Radial 120, so befinden wir uns irgendwo auf diesem Leitstrahl. Mit Hilfe einer zweiten Peilung ermitteln wir eine zweite Standlinie. Die VOR B liefert das Radial 220. Der Schnittpunkt beider Standlinien gibt uns unsere Position (Bild 6.6).

In Flugkarten gibt es oftmals solche Kreuzpunkte, die als Meldepunkte oder Abzweigungspunkte benutzt werden. In der Fachsprache bezeichnet man diese Punkte als *intersections*.

6.2.2 DME

Viele VOR-Stationen besitzen zusätzlich ein DME. DME bedeutet *distance measuring equipment*, also Entfernungsmeßeinrichtung. Wie sie funktioniert, steht im Kapitel 4. Um diese Einrichtung nutzen zu können, benötigt man natürlich einen DME-Empfänger und ein Anzeigegerät. Der Empfänger ist im VOR-Gerät mit eingebaut. Die Anzeige erfolgt digital auf dem Instrumentenbrett (bei den Buchstaben D M E). In der Realität ist diese Anzeige oftmals mit dem CDI oder RMI kombiniert. Mit Hilfe des VOR läßt sich nur eine Standlinie konstruieren. Die zweite Standlinie ist eigentlich ein Standkreis, nämlich der Abstand zum Funkfeuer, den uns das DME gibt. Auf diese Weise läßt sich die exakte Position feststellen. Diese kann mit Lineal und Zirkel in eine Flugkarte eingetragen werden. Von dort aus kann man weiter navigieren. Dies ist die sogenannte *Koppelnavigation*.

Mit Hilfe des DME kann man auch die Geschwindigkeit des Flugzeuges über Grund (groundspeed, GS) ermitteln. Dazu fliegt man genau auf die VOR zu oder weg. Bei der Version II des Flight Simulators mußte man dies von Hand durchführen. Nun braucht man nur noch die Taste <F> (Eselsbrücke: fast = engl. schnell) zu drücken, und wir erhalten anstatt der DME-Anzeige die Geschwindigkeit über Grund.

Ist die ermittelte Geschwindigkeit über Grund größer oder kleiner als die am Tachometer angezeigte Geschwindigkeit in der Luft, so ist dies auf Rücken- oder Gegenwind zurückzuführen. Man hat auf diese Weise auch eine Information über die Stärke des Windes.

6.2.3 ADF

Die ADF-Navigation ist möglich, wenn Sie im NAV/COM-Menü das ADF aktivieren. Aber wahrscheinlich werden wohl die wenigsten mit dem ADF navigieren wollen, weil ein VOR wesentlich genaueres Fliegen erlaubt. Zudem sind die NDBs im Simulatorprogramm nur sehr spärlich gesät. In der Chicago Area z. B. finden Sie nur drei NDBs.
Trotzdem soll hier, der Vollständigkeit halber, das ADF nicht unerwähnt bleiben.

ADF ist die Abkürzung für *automatic direction finder*, was übersetzt *automatischer Richtungssucher* heißt. Die Funkfeuer arbeiten im Mittelwellenbereich. Sie sind, wie normale Radiosender auch, Rundumstrahler. Im Englischen heißen diese ungerichteten Funkfeuer *non directional beacon* und werden mit NDB abgekürzt. Diese NDBs dienen als Strecken- und Anflugfunkfeuer. Das ADF ist ein Empfänger mit einer Peilanlage, die automatisch die Richtung zu einem Funkfeuer ermittelt und sie auf ein Anzeigegerät überträgt. Diese Richtung wird relativ zur Flugzeuglängsachse angezeigt. Der Mechanismus zum Anpeilen eines NDBs besteht aus einer Stabantenne und einer drehbaren Richtantenne. Die Richtantenne wird so lange gedreht, bis die empfangene Feldstärke maximal ist. Die Richtung der Peilantenne wird anschließend über Servomotoren auf das Anzeigegerät übertragen. Es gibt zwei Arten von ADF-Anzeigegeräten.

☐ Radiokompaß und
☐ ADF RMI.

Der Radiokompaß (Bild 6.7) besitzt eine feststehende 360-Grad-Skala. Die Nullmarkierung symbolisiert die Flugzeugnase. Die Spitze der Anzeigenadel zeigt immer in Richtung des NDBs. Der Radiokompaß gibt uns also die relative Lage (relative bearing, RB) eines Funkfeuers in bezug auf die Flugzeuglängsachse an. Um zu diesem Funkfeuer zu fliegen, muß man nur in Richtung der Nadelspitze einkurven.

ADF

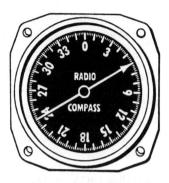

Bild 6.7 Fixed Scale. Angezeigter Wert = relative bearing

Bild 6.8 RMI. Radio magnetic indicator. Angezeigter Wert = QDM

Das ADF RMI ist eine Kombination aus Radiokompaß und Magnetkompaß bzw. Kurskreisel (Bild 6.8). Bei dieser Kombination kann man direkt den Kurs zur Station, das sogenannte QDM, ablesen. Beim Radiokompaß mußten wir dieses QDM mit der einfachen Beziehung

QDM = MH + RB (magnetic heading + relative bearing)

errechnen.

Das ADF läßt – ebenso wie das VOR-Gerät – verschiedene Arten der Navigation zu. Positionsbestimmungen sind mit Hilfe zweier Sender möglich. Es werden zwei Standlinien ermittelt. Da das Programm leider kein RMI verwendet, sondern nur einen Radiokompaß darstellt, müssen wir wieder ein bißchen kopfrechnen. Wir benötigen nämlich das QDR. Es ist vergleichbar mit dem Radial der VOR. Bei einem ADF RMI könnten wir dies am Nadelende direkt ablesen. Hier aber müssen wir das QDR aus der Beziehung

$$QDR = QDM \pm 180$$

errechnen. Um das QDM zu erhalten, mußten wir aber auch schon rechnen. Vollständig wäre die Rechnung also:

$$QDR = (MH + RB) \pm 180$$

Zwei dieser QDRs ergeben uns zwei Standlinien und damit an deren Schnittpunkt unsere Position.

Spätestens jetzt hat wohl jeder von Ihnen die Lust an der ADF-Navigation verloren und aktiviert wieder seinen zweiten CDI.

Aber, um Sie zu beruhigen, im Zeitalter der VORs braucht man sich mit einer solch altertümlichen Navigation nicht abzugeben. Gerade die USA, Japan und Westeuropa sind mit VOR-Stationen übersät, und in der Sowjetunion können wir – mangels einprogrammierter Flugplätze und Funkfeuer – mit dem Flugsimulator sowieso nicht herumfliegen. Eine Simulatorlandung auf dem Roten Platz in Moskau ist also noch nicht möglich.

Zur Streckennavigation kann man das ADF ebenfalls verwenden, wenngleich es sich wegen seiner geringen Genauigkeit auch dazu nur sehr begrenzt eignet. Auch hier werden Luftstraßen als Sollkurse zwischen zwei Funkfeuern dargestellt. Um diesen Sollkurs mit dem Radiokompaß zu halten, ist wieder einiges an Rechenarbeit zu leisten, da man von einem NDB weg mit QDR fliegen muß und zu einem NDB hin mit QDM. Uns wird aber

ADF

nur RB (relative bearing) angezeigt. Die erforderlichen Rechnungen können Sie nun selbst aufstellen.

Die Hauptanwendung eines NDBs ist aber der Einsatz als Einflugfunkfeuer. Diese sogenannten *locator beacons* stehen genau in Verlängerung der Landebahnmittellinie in einem Abstand von etwa 10 Kilometern. Sehen Sie sich dazu einmal die Landekarte von Frankfurt (Abschnitt 11.4, ILS Rwy 25L) an. Das Funkfeuer mit dem Namen Frankfurt (FR 297) ist ein solches Einflugfunkfeuer. Es befindet sich 4 NM (ca. 7,4 km) von der Landebahnschwelle entfernt. Leider ist es – wie so viele andere auch – nicht einprogrammiert. Diese Funkfeuer muß man in der vorgeschriebenen Höhe und auf Landekurs überqueren. Man hat damit eine genaue Angabe über seine Position im Verhältnis zur Landebahn. Dieser Einflugpunkt ist aber auch mit Hilfe eines VORs zu bestimmen. In Frankfurt müßten wir am CDI 250 Grad eingestellt haben. Es erscheint die TO-Anzeige. Bei der DME-Anzeige von 1,2 NM sind wir genau über dem Einflugpunkt. Oftmals stehen *locator beacon* und der *outer marker* an der gleichen Stelle (wie auch in Frankfurt) und ergänzen oder ersetzen sich auf diese Weise.

7
Was ist VFR/IFR?

7.1 Eine kurze Gegenüberstellung

Mittlerweile sind Sie wohl schon an den AKF (Abkürzungsfimmel) in der Fliegerei gewöhnt, ja Sie benutzen vielleicht selbst schon die eine oder andere Abkürzung. Hier sind wieder ein paar neue:

VFR steht für *visual flight rules*, auf Deutsch *Sichtflugregeln*.
IFR heißt *instrument flight rules*, also *Instrumentenflugregeln*.
Diese drei Buchstaben kennzeichnen also, nach welchen Regeln wir fliegen dürfen. Besser sollte man vielleicht sagen, unter welchen Sicht- und Bewölkungsbedingungen wir fliegen dürfen. Die Navigation nach Sicht erfordert logischerweise, daß wir unseren nächsten Wegpunkt auch sehen können.

Um nach VFR oder IFR fliegen zu dürfen, muß man natürlich die entsprechenden Erlaubnisscheine besitzen. Ebenso muß das Flugzeug entsprechend den Betriebsbedingungen ausgerüstet und zugelassen sein.

Die einfachste Art der Fluglizenz ist der PPL (private pilot license). Diese Lizenz besitzt jeder Privatpilot. Mit ihr darf man, nur zu nichtgewerblichen Zwecken, nach Sichtflugregeln fliegen. Dazu sind folgende Mindestwetterbedingungen und Mindestabstände von Wolken erforderlich (Bild 7.1):

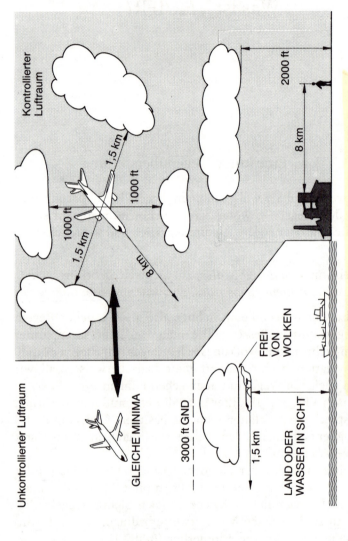

Bild 7.1 VFR-Mindestbedingungen in der Bundesrepublik Deutschland

Eine Gegenüberstellung 91

Mindestsicht (visibility): 8 km
Wolkenuntergrenze (ceiling): 2000 ft
Horizontalabstand von Wolken: 1,5 km
Vertikalabstand von Wolken: 300 m

Diese Werte sind Mindestwerte und dürfen nur unter bestimmten Umständen und mit Freigabe durch die Flugsicherung unterschritten werden. Sie beziehen sich auf das Fliegen im kontrollierten Luftraum Deutschlands.

Im unkontrollierten Luftraum und unterhalb einer Flughöhe von 3000 ft über Grund reduzieren sich diese Werte wie folgt:

Mindestsicht: 1,5 km
Frei von Wolken, d. h., in Wolken fliegen ist nicht erlaubt. Boden oder Wasser in Sicht.

Des weiteren dürfen VFR-Flüge nicht zwischen Sonnenuntergang und Sonnenaufgang durchgeführt werden. Ebenfalls ist in der Bundesrepublik das Fliegen nach VFR-Regeln über 10 000 ft nicht erlaubt.

Wenn man einen Überlandflug durchführen will, kann man keineswegs in der Flughöhe fliegen, in der man gerade möchte. Aus Gründen der Flugsicherheit sind die Flughöhen vom Kurs zwischen zwei Wegpunkten abhängig. Liegt dieser Kurs zwischen 000 und 179 Grad, so müssen wir *ungerade* Flughöhen wählen. Diese sind:

3000 ft, 5000 ft, 7000 ft, 9000 ft ...

Bei einem Kurs von 180 bis 359 Grad müssen entsprechend *gerade* Flughöhen wie

4000 ft, 6000 ft, 8000 ft, 10 000 ft ...

geflogen werden. Dies sind aber Flughöhen, die IFR-Flügen vorbehalten sind. Wir wollen aber nach VFR fliegen. Dazu müssen wir noch jeweils 500 ft zu den vorherigen Werten addieren. Es ergeben sich also Flughöhen von:

3500 ft, 4500 ft, 5500 ft und 6500 ft

Diese Flughöhen sind auf den jeweilig herrschenden Luftdruck eines bestimmten Gebietes bezogen. Dieser Luftdruck nennt sich QNH, der Höhenmesser muß danach eingestellt werden (s. a. Kapitel 4, «Instrumente»). Man kennt aber noch den Begriff der Flugfläche (flight level, FL). Die Flugfläche bezieht sich auf den Standarddruck von 1013,2 hPa (entspricht mittlerer Höhe über Meeresspiegel, MSL). Bei der Bezeichnung von Flugflächen werden die letzten beiden Nullen der Flughöhe gestrichen. FL 95 ist also die Flughöhe von 9500 ft MSL (mean sea level).

In den USA wird bis zu einer Flughöhe von 18 000 ft nach QNH, also nach dem lokalen Luftdruck, geflogen. Mit Flugzeugen wie sie das Simulationsprogramm darstellt, erreicht man solche Flughöhen nicht. In Deutschland fliegt man auf Überlandflügen oberhalb einer gewissen Höhe, die *transition altitude* genannt wird, auf Flugflächen.

Reichen die Wetterbedingungen für die Durchführung eines VFR-Fluges nicht aus, muß man entweder am Boden bleiben oder einen IFR-Flugplan aufgeben. Dies ist natürlich nur möglich, wenn man die IFR-Berechtigung besitzt und das Flugzeug für IFR-Flüge ausgerüstet ist. Unser Flugzeug im Simulatorprogramm ist entsprechend ausgerüstet. Fliegt man IFR, so gelten Mindestbedingungen nur für Start und Landung. Für den Start ist eine Sicht von 600 m notwendig. Erst einmal in der Luft, darf man auch durch Wolken hindurch fliegen. Als Pilot eines kleinen Flugzeuges muß man sich jedoch sicher sein, daß in diesen Wolken keine Vereisung auftreten kann, da diese Flugzeuge nicht mit einer Enteisungsanlage ausgerüstet sind. Es kann sonst zu einer Vereisung der Tragflächen kommen, die das Gewicht des Flugzeuges beträchtlich erhöht und gleichzeitig die aerodynamischen Eigenschaften negativ beeinflußt, was zu einem Absturz führen kann.

Man sollte sich auch das Fliegen ohne visuelle Referenzen nicht zu einfach vorstellen. Ohne Sichtkontakt kann der Pilot eines Flugzeuges seine Lage im Raum nur durch Interpretation der Instrumente feststellen. Der Gleichgewichtssinn des Menschen kann durch die Bewegungen des Flugzeuges so beeinflußt werden, daß eine räumliche Desorientierung eintritt. So kann sich beispielsweise der Eindruck eines völlig stabilen Flugzustandes ergeben, obwohl das Flugzeug sich in einer starken Schräglage befindet und gleichzeitig sinkt. Abhilfe kann nur durch konsequentes Beobachten der Instrumente erreicht werden. Die wichtigste Rolle kommt dabei dem künstlichen Horizont zu.

Die Landeminima sind von der Art des Anflugs abhängig. Man unterscheidet zwischen Nichtpräzisions- und Präzisionsanflügen (non precision-, precision approaches).

Für Nichtpräzisionsanflüge wie z. B. NDB-Approaches gelten folgende Minima:

    Mindestsicht (visibility):   1500 m
    Wolkenuntergrenze (ceiling): 400 ft

Bei Präzisionsanflügen wie z. B. ILS-Approaches sind die Standardminima:

    Mindestsicht (visibility):   1200 m
    Wolkenuntergrenze (ceiling): 300 ft

Je nach Ausrüstung des Flugzeuges und des Airports können sich diese Minima noch etwas verändern.

Die Existenz dieser Minima dient zur Sicherheit des Piloten und der ihm anvertrauten Fluggäste, da eine sichere Landung nur bei ausreichender Sicht gewährleistet ist. Erreicht der Pilot bei einem Anflug das Minimum und hat keinen Sichtkontakt zur Landebahn, so muß er durchstarten. Ein Durchstartmanöver ist keineswegs ein Notmanöver oder etwa ein Zeichen für die Unfähigkeit des Piloten. Es ist quasi ein In-Flug-Start, der zur Sicherheit des Flugzeuges und seiner Insassen durchgeführt wird.

Unter Privatpiloten gilt es als verpönt, durchzustarten, um einen Anflug, der aus Wettergründen oder durch falsches Einschätzen einiger Parameter nicht zum Erfolg führt, abzubrechen und nochmals durchzuführen. Tatsächlich könnten durch rechtzeitiges Durchstarten viele Unfälle vermieden werden. Starten Sie deshalb ruhig durch, wenn Sie der Meinung sind, daß aus einem Anflug keine Landung mehr möglich ist. Profis vermeiden jedes Risiko. Ein crash macht uns im Simulator zwar nichts, sollte aber nicht zur Gewohnheit werden.

7.2 VFR mit dem Flugsimulator?

Seit es den LINK-Trainer, einen Vorgänger der heutigen Flugsimulatoren gibt, war es Ziel dieser Geräte, das Fliegen und Navigieren mit Instrumenten zu simulieren. Das immer perfekter werdende Design der Flugsimulatoren hat schließlich zum Computereinsatz geführt, um auch die Umgebung eines Flugzeuges in den Cockpitfenstern darzustellen. Man sieht also die Landebahn vor sich. Bei aller Perfektion, die dabei erreicht worden ist, ist ein Anflug nach Sichtflugbedingungen nur unter Vorbehalt und mit Unterstützung der Instrumente möglich. Allein die fehlende Rundumsicht und das Fehlen einer dreidimensionalen Projektion sind wesentliche Handicaps.

Die Grafik des Flugsimulators ist gegenüber der Version II zwar wesentlich verbessert worden, jedoch ist es immer noch sehr mühsam und mit einigem Aufwand an Tipparbeit zum Fensterverstellen verbunden, um eine Platzrunde zu fliegen. Auch die Rechenleistung ist maßgebend für die Bildschirmaufbereitung. Ein langsamer PC-XT mit 4,77 MHz Taktfrequenz macht regelrechte Bocksprünge zwischen den einzelnen Bildern; die Darstellung erinnert eher an eine Dia-Show. Mit einem 12-MHz-AT kann man dagegen schon sehr schön «fliegen».

VFR mit dem Simulator ist also immer noch nur mit Einschränkungen möglich.

7.3 Die Platzrunde

Mit einem schnellen Rechner und EGA-Ausrüstung können wir also einmal versuchen, nach Sichtflugregeln zu fliegen. Die Platzrunde ist ein typisches Sichtanflugverfahren, das es uns erlaubt, bei gutem Wetter einen sicheren Anflug und Abflug – auch ohne elektronische Hilfen – durchzuführen. Die Platzrunde hat in der Draufsicht die Form eines Rechtecks, auf dessen einer Längsseite sich die Start- und Landebahn befindet (Bild 7.2). Da der Start bzw. die Landung immer in den Wind erfolgt, sind die Seiten der Platzrunde im Englischen teilweise nach der Windrichtung benannt. Diese Seiten sind:

a) Upwind (Abflug)
b) Crosswind (Querabflug)
c) Downwind (Gegenanflug)
d) Base (Queranflug)
e) Final (Endanflug)

Die Standardplatzrunde führt immer linksherum. Dementsprechend sind die Seiten der Platzrunde noch zusätzlich mit der Kurvenrichtung bezeichnet. Man spricht also z. B. von einem «left downwind» (linker Gegenanflug), «left base» (linker Queranflug) usw.

Der Einflug in die Platzrunde erfolgt mit einem 45-Grad-Kurs zum Gegenanflug (Bild 7.2, Position f). Damit hat man den Platzrundenverkehr voll in Sicht und wird selbst gut gesehen.

Der Abflug richtet sich nach dem Ziel des Piloten. Möglich sind hier Straigt Out-, Left/Right Crosswind- und Left/Right Downwind-Departures.

Die Flughöhe in der Platzrunde beträgt für kleinere Flugzeuge 1000 ft über Grund. Dabei wird auf den nächsten Hunderter aufgerundet. In Chicago-Meigs ist die Platzhöhe 592 ft, daraus ergibt sich eine Platzrundenhöhe von 1600 ft.

Was ist VFR/IFR

Machen wir also eine Übungsrunde: Wir geben Vollgas! Bei 60 kts ziehen wir leicht am Steuerknüppel. Mit etwa 70 kts heben wir ab und fahren – sobald wir auf der Startbahn im Notfall nicht mehr landen können – das Fahrwerk ein. Mit 80 kts steigen wir dann weiter und leiten 500 ft über Grund die Kurve auf den Querabflug ein. Wir rollen kurz aus und drehen anschließend auf den Gegenanflug ein.

Nun zum Landeanflug: Wir befinden uns auf dem Downwind mit etwa 100 kts. Sobald wir querab zur Landebahnschwelle sind, starten wir unsere Uhr und fliegen 30 s geradeaus. Bei stärkerem Wind müssen wir eine entsprechend kürzere Zeit fliegen. Dann wird das Fahrwerk gefahren, die Klappen werden auf 15 Grad gesetzt, der Base Turn wird eingeleitet und der Sinkflug mit ca. 500 fpm begonnen. Ist die Landebahn fast genau links von uns, drehen wir auf den Endanflug und setzen unsere Klappen auf Landestellung. Nun steht einer (hoffentlich) erfolgreichen Landung nichts mehr im Wege!

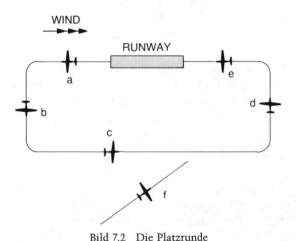

Bild 7.2   Die Platzrunde

8
Es geht los

8.1 Vorbereitung

Nach viel Theorie kommen wir nun zum eigentlichen Grund, warum Sie sich einerseits das Flugsimulationsprogramm und andererseits dieses Buch zugelegt haben: zum Fliegen. Um einen Flug zu beginnen und auch erfolgreich zu beenden, bedarf es vielerlei Vorbereitung. Wettervorhersagen müssen eingeholt, ein Flugplan muß aufgegeben und der technische Zustand der Maschine überprüft werden. Kurz vor dem Anlassen holen wir noch die neueste Wetterinformation, um sicherzugehen, ob ein Start bei der aktuellen Wettersituation auch möglich oder evtl. durch eine mittlerweile eingetretene Sichtverschlechterung nicht mehr erlaubt ist. Ebenso kann sich der Luftdruck inzwischen verändert haben, so daß der Höhenmesser neu eingestellt werden muß. Bei großen Flughäfen benutzt man dazu die ATIS, bei kleineren Plätzen gibt uns der Tower diese Information.

Nachdem wir diese Vorbereitungen abgeschlossen haben, lesen wir die *Before Start Checklist* (siehe Anhang).

Anschließend können wir mit «Starting Engine» fortfahren. Zu beachten ist dabei jedoch, ob wir ein kolbenmotorgetriebenes oder ein turbinengetriebenes Flugzeug wie den Lear Jet fliegen. Fliegen wir eine turbinengetriebene Maschine, müssen wir zuerst die Erlaubnis zum Anlassen der Triebwerke vom Tower einholen. Der Tower wird uns diese Erlaubnis geben, wenn keinerlei Verspätungen zu erwarten sind. Der Grund dieses Verfahrens ist, daß Jets einen relativ hohen Treibstoffverbrauch im Leerlauf haben und man auf diese Weise möglichst wenig Treibstoff am Boden vergeuden will. Daß dies nicht immer so funktioniert, beweisen die in letzter Zeit immer mehr zunehmenden Verspätungen, mit denen wir uns im Simulator jedoch nicht herumärgern müssen.

Läuft unser Motor (bzw. die Triebwerke), können wir um die Rollerlaubnis bitten.

8.2 Taxi, bitte

Wir rollen nun los (engl. taxiing) zu unserer zugewiesenen Startbahn. Unterwegs müssen wir noch die «Run up area» aufsuchen und unser Zündsystem durchchecken. Wir gehen dabei nach der Checkliste im Anhang vor. Was bedeutet nun dieser Check? Unser Motor hat zwei unabhängig voneinander arbeitende Zündsysteme (magnetos oder auch mags). Beide Systeme versorgen gleichzeitig jeden Zylinder. Der Motor würde also auch anspringen, wenn ein System defekt wäre. Um die Zündung also zu überprüfen, bringen wir den Motor auf eine Drehzahl von 1700 RPM. Dabei müssen wir natürlich kräftig in den Bremsen stehen. Nun schalten wir wechselweise immer einen Zündkreis aus. Durch die etwas schlechtere Zündung im Zylinder ergibt sich nun ein maximal zulässiger Drehzahlabfall von 50 RPM. Ist der Drehzahlabfall größer oder bleibt sogar der Motor stehen, haben wir es offensichtlich mit einem defekten Zündsystem zu tun. Gut, daß wir diesen Fehler bereits am Boden festgestellt haben. Nach beendetem Run up können wir beruhigt an den Start rollen.

8.3 Pitch und Power

Vor dem Take off jedoch noch ein kleiner Exkurs in die Theorie. Mit *Pitch* und *Power* werden die beiden wichtigsten Flugzeugparameter beschrieben. Was ist nun *Pitch*, und was ist *Power*? Unter Power können sich wohl die meisten etwas vorstellen. Power kommt aus dem Englischen und bedeutet Kraft. Gemeint ist hier die Motorkraft bzw. Motorleistung und die daraus resultierende Schubkraft. Ein Maß für die Schubkraft ist in unserem Fall die Motordrehzahl, die auf unserem Instrumentenbrett unter den drei Buchstaben RPM erscheint. Eingestellt wird die Motorleistung über das sogenannte Throttle – damit ist eigentlich die Drosselklappe des Vergasers gemeint – auf der Tastatur, mit der Maus oder mit dem Joystick.

Pitch hat über 20 Bedeutungen, wie Sie sich in jedem Wörterbuch überzeugen können. In unserem Fall ist Pitch wohl am ehesten mit Neigung zu übersetzen. Gemeint ist die Neigung der Flugzeuglängsachse zum Horizont, also der sogenannte Anstellwinkel. Wir können die Pitch direkt am künstlichen Horizont des Flugzeuges ablesen. Jeder Teilstrich auf dem künstlichen Horizont entspricht 2,5 Grad. Zeigt der Mittelpunkt des Horizonts also 4 Teilstriche nach oben, so ist unsere Pitch «10 Grad nose up» oder auch +10 Grad. Da man im Flugzeug nur sehr ungenau bestimmen kann, wie steil nun die Flugzeugnase in den Himmel oder in Richtung Erde zeigt, ist der künstliche Horizont das wichtigste Instrument zur Bestimmung der Pitch. Eingestellt wird die Pitch des Flugzeuges mit dem *control yoke* über die Tastatur für *elevator nose down* bzw. *elevator nose up* oder mit Hilfe des Joysticks durch Drücken bzw. Ziehen.

Mit Hilfe von Pitch und Power werden alle anderen Flugleistungsdaten, wie z. B. Geschwindigkeit, Steigleistung, Sinkleistung, eingestellt. Zu einer ganz bestimmten Pitch und zu einer ganz bestimmten Power stellt sich also immer der gleiche Flugzustand ein! Wozu ist dies nun gut?

Beim Fliegen hat man, im wahrsten Sinne des Wortes, alle Hände voll zu tun. Anfangs neigt man leicht zum Überkontrollieren, das heißt, man macht zu große Korrekturen mit dem Joystick oder der Tastatur, um einen Flugzustand zu erreichen bzw. zu stabilisieren, und erreicht genau das Gegenteil. Kennt man nun einige Standardwerte seines Flugzeuges, bei denen sich gewisse Flugzustände einstellen, hat man ein leichteres Spiel!

Als kleines Beispiel soll hier der Flugzustand kurz nach dem Start dienen. Bei voller Motorleistung (Power) und einer Pitch von 7,5 Grad stellt sich immer eine Geschwindigkeit von 80 kts bei einer Steiggeschwindigkeit von ca. 1200 fpm ein. Man braucht also nur Pitch und Power einzustellen, die gewünschten Flugleistungsdaten stellen sich dann automatisch ein.

Die Kenntnis von typischen Pitch- und Power-Werten ist eine erhebliche Erleichterung, die uns hilft, unsere Aufmerksamkeit besser einzuteilen, was gerade beim Landeanflug von großer Wichtigkeit ist.

Normalerweise muß man sich solche Standardwerte erfliegen und aufschreiben, um sie anschließend auswendig zu lernen. Wir haben Ihnen diese Arbeit abgenommen und eine entsprechende Tabelle erstellt (Tabelle 8.1), in der die wichtigsten Parameter berücksichtigt sind.

Neben Pitch, Power, Sink- und Steiggeschwindigkeit sowie Geschwindigkeit gehen hier noch Fahrwerks- und Klappenstellung ein, die ebenfalls einen großen Einfluß auf die Aerodynamik und damit auf die Flugleistungen haben. Eine Spalte ist dabei dem sogenannten *elevator control position indicator* (ECPI) gewidmet, der uns anzeigt, in welcher Stellung sich der Elevator befinden muß, um die gewünschte Pitch zu halten (s. a. Kapitel 2 und 4).

Die Flugleistungen werden natürlich noch von weiteren Faktoren beeinflußt, wie beispielsweise Luftdruck, Temperatur, Flughöhe, Luftfeuchtigkeit usw., jedoch würde es zu weit führen, all diese Werte zu berücksichtigen.

Pitch und Power

Pitch +Nose up −Nose dn	Power RPM	Gear up dn	Flaps	ECPI	R/C, R/D +climb −decent	A/S KTS
			Steigflug			
+7,5	full	dn	up	+1,5	+1200	80
+10	full	up	up	+1,5	+1700	90
+7,5	full	up	up	+1,0	+1500	100
+5	full	up	up	+0,5	+1500	110
+5	full	up	up	0,0	+1200	120
			Reiseflug in 10 000 ft			
0	2200	up	up	+1	−	130
0	2500	up	up	−1	−	150
			Sinkflug			
−5	idle	up	up	+2	−1500	120
−2,5	idle	up	up	+2,5	−1200	90
0	1700	up	up	+1	− 500	110
0	1300	up	up	+2	− 500	90
0	1200	up	15	+2	− 500	80
			Landeanflug			
0	1600	dn	15	+2	−500	80
0	1700	dn	30	+1,5	−500	75
0	1800	dn	40	+1	−500	70

Tabelle 8.1 **Standardwerte für stabilisierten Flugzustand (Elevator trim = 0)**

Es genügt zu wissen, daß mit abnehmender Luftdichte die Motorleistung (power) sinkt und somit auch die Flugleistungen zum schlechteren verändert werden. Die Luftdichte sinkt bei:

☐ abnehmendem Luftdruck,
☐ zunehmender Temperatur,
☐ zunehmender Flughöhe.

Diese Einflüsse werden wir noch beim Steig- und Sinkflug erleben.

Bild 8.1

8.4 Take Off

Nun geht es wirklich los. Wir stehen jetzt startbereit auf der Startbahn 36 von Meigs Field, einem kleinen Flugplatz in der Nähe von Chicago (Bild 8.1). Dies ist die voreingestellte Situation nach dem Laden des Programms. Man kann aber auch jede andere Mode als sogenannte «Startup mode» verwenden. Mehr darüber im Kapitel 12.

Der Joystick in Port A dient als Throttle, der in Port B als Control Yoke. Wer keine Joysticks besitzt, sollte sich nochmals die Belegung der Tastatur vergegenwärtigen (s. Tabelle im Anhang).

Nun suchen wir aus Tabelle 8.1 unsere gewünschte Steiggeschwindigkeit (R/C) aus. Aus Zeile 1 entnehmen wir:

Take off

Pitch +7,5 Grad, Power full, Flaps up, ECPI +1,5

Aus diesen Werten müßte eine Steigleistung von +1200 fpm bei einer Airspeed von 80 kts resultieren.
Wir geben nun Vollgas. Das Flugzeug beschleunigt. Bei einer Geschwindigkeit von ca. 70 kts ziehen wir leicht am Joystick, so daß der ECPI die in Tabelle 8.1 aufgeführte Stellung einnimmt. In dieser Phase ist der ECPI fast noch wichtiger als der künstliche Horizont. Da selbst der Joystick nur ein spärlicher Ersatz für den Steuerknüppel ist, zeigt er uns ob wir zu stark ziehen. Nicht überziehen, sonst wird das Flugzeug zu langsam und stürzt ab.

Je nachdem, wie stark man gezogen hat, kann es am Anfang zu leichten Schwankungen kommen. Keine Angst, wenn Pitch und Power stimmen, stellen sich die Werte aus der Tabelle rasch ein. Der größte Fehler wäre es, anfangs wild zu ziehen und zu drücken, um möglichst schnell den gewünschten Flugzustand zu erreichen. Lieber auf den Zusammenhang von Pitch und Power vertrauen. Mit kleinen kontrollierten Ruderbewegungen erreicht das Flugzeug am besten eine sichere Höhe.

Ist die Landebahn unter uns für eine Notlandung nicht mehr benutzbar, fahren wir mit der Taste <G> (oder mit der Maus auf Gear zeigen und anklicken) das Fahrwerk ein.

Wenn das Flugzeug den stabilen Steigflug erreicht hat, steigt es von allein. Probieren Sie es aus, lassen Sie einfach alles los. Dies ist durchaus der Realität entsprechend. Wenn ein Flugzeug ausgetrimmt ist, behält es aufgrund seiner Eigenstabilität den Flugzustand bei, ja es kehrt sogar bei einer Störung von außen, zum Beispiel durch Windeinfluß, in den alten Flugzustand zurück.

Wir haben jetzt Zeit, die anderen Instrumente zu beachten. Wenn wir nicht aus Versehen die Querruder betätigt haben, sind wir immer noch stramm auf Kurs 000, d. h. exakt Nord.

Mit zunehmender Höhe nimmt die Steigrate ab, die Pitch verringert sich. Der Grund dafür ist, wie bereits angedeutet, die

Reduzierung der Motorleistung durch die dünnere Luft und andere aerodynamische Einflüsse.

Bei spätestens 12 000 ft beenden wir den Steigflug, da wir sonst aufgrund der Höhe (immerhin 4000 Meter) die Sauerstoffmasken aufsetzen müßten. Sie haben welche? Na dann viel Spaß beim Ausprobieren der maximalen Dienstgipfelhöhe.

8.5 Vertrautmachen mit dem Flugzeug

Stabilisieren wir uns erst mal! Ein stabilisierter Flugzustand ist der wichtigste Ausgangspunkt für jedes Flugmanöver. Wir sollten jetzt folgende Werte an unseren Instrumenten ablesen (Bild 8.2):

> Flughöhe (altitude) 10 000 ft, Pitch 0, Power 2200 rpm, Bank 0, V/S 0, Flaps up, A/S 130 kts, ECPI +1

Falls Sie das Flugzeug noch nicht so beherrschen, können Sie die Mode 10000FT.MOD (auf beiliegender Disk) laden oder das Slew-Menü benutzen.

Bevor wir einige Flugmanöver beginnen, noch einige Worte zum sogenannten *instrument scan*, also dem ständigen, systematischen Überwachen der Instrumente.

Um uns diesem in Ruhe widmen zu können, drücken wir <P> wie Pause, um den Flugzustand einzufrieren.

Bei einem richtigen Flugzeug kann man viele Informationen über die Lage des Flugzeuges durch den Blick nach draußen und durch Gefühl erhalten. Unser Simulator ist aber erstens kein richtiges Flugzeug, und zweitens sind, trotz der verbesserten Grafik, von draußen wenig Informationen zu erhalten, außer vielleicht der Schräglage. Wir müssen uns also auf unsere Instrumente verlassen – genauso, als wären wir in Wolken. Das wichtigste Instrument auf dem Brett ist, wie bereits angedeutet, der künstliche Horizont. Er gibt uns Informationen über Pitch und Bank und damit darüber, ob wir unsere gewollte Fluglage

Vertrautmachen mit dem Flugzeug

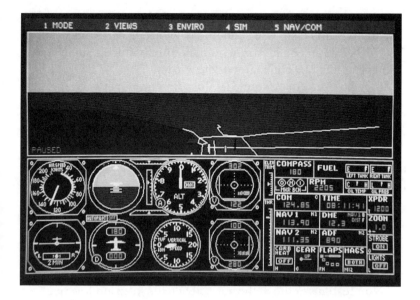

Bild 8.2

haben oder nicht. Anschließend käme der Geschwindigkeitsmesser. Er befindet sich links vom künstlichen Horizont. In allen Flugphasen kann die richtige Geschwindigkeit zur richtigen Flugzeugkonfiguration (Klappen) lebenswichtig sein. Ebenfalls sehr wichtig ist der Höhenmesser. Es gibt nicht nur Mindestsicherheitshöhen über bergigem Gelände, sondern auch vorgeschriebene Flughöhen in Abhängigkeit vom Flugzeugkurs, und es wäre fatal, würde jeder in der Höhe fliegen, in der er gerade wollte. In Checkflügen zum Erlangen der Pilotenlizenz muß übrigens mit einer Toleranz von ± 100 ft bei allen Manövern geflogen werden, was manchmal sehr schwer zu realisieren ist. Gleich unter dem Horizont ist der Kompaß bzw. die Kompaßrose. Er zeigt uns den Kompaßkurs (heading) des Flugzeuges. Diese vier wichtigsten Instrumente sind in T-Form angeordnet. Als Hilfsinstrument dient das Variometer rechts neben dem

Kompaß. Es zeigt die Vertikalgeschwindigkeit (vertical speed, V/S) an, sagt uns also, wie schnell das Flugzeug steigt oder sinkt.

Die beschriebene Instrumentenanordnung finden Sie in jedem Flugzeug, bis hin zum Jumbo-Jet, wieder.

Es gibt nun ein System der Instrumentenüberwachung, das sich als optimal erwiesen hat, der *crosscheck*. Der Crosscheck beginnt beim künstlichen Horizont, führt zum Geschwindigkeitsmesser und wieder zurück, anschließend vom Horizont zum Kompaß und zurück, danach zum Höhenmesser und wieder zurück zum künstlichen Horizont. Je nach Manöver muß auch das Variometer mit in den Crosscheck eingeschlossen werden. Üben Sie den Crosscheck einmal bei stehendem Flugzeug, bevor Sie wieder <P> drücken. Sie kontrollieren so etwa alle drei Sekunden die wichtigsten Instrumente.

Nun fliegen wir wieder. Wenn Sie die Controls nicht berühren, fliegt das Flugzeug schön geradeaus und hält seine Höhe.

Nun testen wir die Stabilität. Ziehen Sie kurz am Joystick, bis der künstliche Horizont eine Pitch von etwa fünf Grad zeigt, und stellen Sie anschließend den Elevator mit Hilfe des ECPI wieder so ein, wie er vorher war. Das Flugzeug wird erst wegsteigen. Dadurch sinkt die Geschwindigkeit und damit der Auftrieb. Also wird es kurze Zeit später wieder sinken und dabei schneller werden, wobei der Auftrieb wieder zunimmt usw. Die Maschine bewegt sich in Form einer gedämpften Sinusschwingung, bis sie sich wieder stabilisiert hat. Dies muß nicht unbedingt in der alten Flughöhe von 10000 ft sein, sondern kann geringfügig darüber oder darunter liegen. Bringen Sie nun die Maschine von Hand wieder in die Ausgangsposition und stabilisieren Sie sie, bevor wir mit Kurven beginnen.

Wenn alles so stabilisiert ist, daß das Flugzeug wieder von allein fliegt, beginnen wir mit einer Linkskurve: also den Joystick nach links drücken und auf den Horizont und den Aileron control position indicator (ACPI) achten. Der Ausschlag des ACPI ist ein Maß für die Kraft, mit der man im richtigen

Vertrautmachen mit dem Flugzeug

Flugzeug eine Kurve einleitet. Daraus resultiert die Rollgeschwindigkeit, d. h. die Geschwindigkeit, mit der das Flugzeug eine Schräglage einnimmt. Wenn wir die gewünschte Schräglage von 30 Grad erreicht haben, nehmen wir den Joystick wieder in Mittelstellung. Der ACPI springt wieder auf Null. Das Flugzeug rollt nun nicht etwa wieder zurück, sondern behält seine Schräglage bei. Das Programm zeigt nun, im Gegensatz zu seinem Vorgänger, leider ein absolut unrealistisches Verhalten. Die Maschine steigt recht vehement, obwohl das normale Flugverhalten eigentlich ein leichtes Sinken wäre, das mit etwas Ziehen am Höhenruder ausgeglichen werden müßte. Leider müssen wir mit diesem Fehler leben und versuchen, diesen durch entsprechenden Ruderausschlag auszugleichen.

Die Fluggeschwindigkeit variiert dabei leicht, was uns für den Anfang nicht stören soll. Sehen wir uns nun den Wendezeiger an. Er befindet sich links vom Kompaß. Bei einer Schräglage von etwa 25 Grad zeigt das Flugzeugsymbol des Wendezeigers auf die schräge Markierung. Dies zeigt, daß wir einen sogenannten *rate one turn* fliegen, was einer Drehgeschwindigkeit von 180 Grad pro Minute entspricht. Probieren Sie es aus. Starten Sie wieder bei unserer Ausgangssituation (notfalls mit Hilfe des Slew-Menüs), und schauen Sie auf die eingebaute Uhr, wenn Sie die Kurve einleiten. Da, im Gegensatz zu richtigen Flugzeugen, keine Stoppuhr zur Ausrüstung gehört, empfiehlt es sich, die Kurve bei einer vollen Minute zu beginnen.

Beziehen Sie jetzt den Wendezeiger in den Crosscheck mit ein, und korrigieren Sie die Fluglage, sobald Sie Abweichungen vom Soll entdecken, mit kleinen, aber nicht hektischen Ruderausschlägen. Wenn Sie genau genug geflogen sind, können Sie nach zwei Minuten wieder auf dem Ausgangskurs ausrollen. Probieren Sie diese *Turns* nun zur Übung nach verschiedenen Seiten. Wenn Sie dies gut genug beherrschen, können wir eine Stufe weitergehen und auch auf die Geschwindigkeit achten. Bei der Einleitung der Kurve müssen Sie etwas Gas geben. Bei einer

Schräglage von 25 Grad braucht man etwa 2300 bis 2350 rpm, um Höhe und Geschwindigkeit zu halten. Sie werden feststellen, daß bei Ablagen von Sollwerten zuerst die Pitch vom Sollwert abwich und erst als Folge davon Höhe und Geschwindigkeit. Dies unterstreicht nochmals die Wichtigkeit von Pitch und Power!

Wenn Sie den normalen Kurvenflug beherrschen, können Sie es ja mal mit Steilkurven (*steep turns*) versuchen. Die Ausgangslage ist die gleiche. Der einzige Unterschied zu vorher ist nur die steilere Bank von nun 45 Grad. Sie werden feststellen, daß Sie hier erheblich mehr Power brauchen und daß das Flugzeug noch schwerer zu beherrschen ist. Wenn Sie es trotz des Programmfehlers schaffen, einen vollen Kreis innerhalb der Toleranzen

Höhe (altitude)	± 100 ft
Geschwindigkeit (a/s)	± 5 kts

zu fliegen, dann sollten Sie sich ruhig mal bei der Lufthansa bewerben!

8.6 Approach and Landing

Sie sollten jetzt in der Lage sein, das Flugzeug einigermaßen zu beherrschen. Zugegeben, ein richtiges Flugzeug fliegt ein bißchen anders, aber das soll uns den Spaß nicht nehmen, denn schließlich kostet ein Flugzeug auch mehr als das Flugsimulatorprogramm. Das Flugverhalten selbst ist jedoch mit den vorhandenen Mitteln gut simuliert.

Auf beiliegender Mode-Diskette finden Sie die Modes «STABFLUG», «SINKFLUG», «LANDUNG1» sowie «LANDUNG2», die Ihnen bei den folgenden Übungen behilflich sein können.

Kommen wir nun zum Abschluß unseres Trainingsfluges, dem Anflug und der Landung. Bevor wir einen Anflug machen können, müssen wir den Sinkflug beginnen. Auch hier brauchen wir wieder Pitch und Power.

Approach and Landing 109

Bild 8.3

Mit der Pitch regulieren wir die Gleitgeschwindigkeit (airspeed, A/S) und mit Power den Gleitwinkel des Sinkfluges. Lassen Sie sich dies einmal kurz durch den Kopf gehen. Zwei Beispiele verdeutlichen das. Die Geschwindigkeit während des Sinkfluges soll wieder 125 kts betragen.

1. Mit einer Pitch von −5 Grad und Power idle (Leerlauf, ganz zurückgenommen), erreichen wir eine Sinkrate (R/D) von 1500 fpm (Bild 8.3). Schieben wir nun etwas Power nach auf ca. halbe Leistung (am Throttle indicator einstellen). Wenn wir jetzt nichts tun, werden wir zu schnell. Folgerichtig müssen wir also die Pitch etwas zurücknehmen. Es ergibt sich:
2. Pitch 0 Grad, Power 1/2 (ergibt 1800 rpm), R/D 500 fpm bei einer A/S von ca. 125 kts.

Da in der Fliegerei Distanzen in Nautischen Meilen (NM) angegeben werden, läßt sich nun sehr schön der Sinkflug berechnen. 125 kts sind ja 125 NM pro Stunde, d. h., wir legen pro Minute etwa zwei Meilen zurück. Sind wir nun 20 NM von einem Flugplatz entfernt (am DME ablesbar, siehe auch Kapitel 4) in einer Höhe von 10000 ft, so benötigen wir 20/2 = 10 Minuten Flugzeit zum Platz. In dieser Zeit müssen wir 10000 ft Höhe aufgeben, was eine durchschnittliche Sinkrate von 1000 fpm ergibt. Führen wir den Sinkflug nach Beispiel 1 durch, erreichen wir rechtzeitig die Anflughöhe (z. B. Platzrundenhöhe, s. a. Abschnitt 9.5) für den betreffenden Platz und haben noch Zeit, uns für den Anflug zu stabilisieren. Mit dem Sinkflug nach Beispiel 2 wären wir über kurz oder lang zu hoch und müßten kreisen, um Höhe abzubauen. Sie sehen an diesen zwei Beispielen, daß es schwieriger ist, einen Anflug zu planen und durchzuführen als ein Abflugverfahren zu fliegen.

Es muß noch gesagt werden, daß es wirtschaftlicher und für kleine Flugzeuge auch sicherer ist, den Sinkflug nach Beispiel 1 durchzuführen – wirtschaftlicher, weil der Treibstoffverbrauch in größeren Höhen geringer ist, sicherer deshalb, weil damit gewährleistet ist, daß das Flugzeug auch bei Motorausfall sicher den Zielflugplatz im Gleitflug erreichen kann. Fällt der Motor aus, wenn wir zu tief sind, bleibt uns nur eine Notlandung auf einer Wiese, sofern wir eine finden.

Man muß also während eines Anfluges immer wieder die augenblickliche Flughöhe mit der Distanz zum Landeplatz vergleichen und entsprechend Power nachschieben oder herausziehen. Falls ein Vermindern der Power nicht ausreicht, muß man Maßnahmen treffen, um den Widerstand des Flugzeuges zu erhöhen, zum Beispiel durch Slippen (wird an anderer Stelle beschrieben) oder durch Fahren der Landeklappen bzw. des Fahrwerks, um die Sinkrate zu erhöhen.

Denken Sie sich doch selbst einmal ein paar Beispiele aus, und rechnen Sie sie durch.

Nun zur Landung. Wer glaubt, er könne mit dem Flugsimulator, gleich welcher Bauart, Landungen üben, der täuscht sich gründlich. Dies kann man selbst mit den hervorragenden Simulatoren der Lufthansa nur sehr eingeschränkt tun. Sichtanflüge und Landungen nach Sicht sind mit der EGA-Darstellung der Landebahnen wesentlich besser zu bewerkstelligen als mit dem Flight Simulator II. Jedoch sind immer noch keine sogenannten VASIs (das sind Lichtanlagen, die dem Piloten durch Rot- oder Weißfärbung signalisieren, ob er zu hoch oder zu tief ist) vorhanden, mit denen sich ein Anflug nach Sicht besser durchführen ließe. Eigentlich schade, daß dies bei dem sonst sehr guten Programm vergessen wurde. Mit einem DME am Platz läßt sich eine Landung auf einem Flugplatz etwas besser planen und durchführen. Wir heben uns dies für das Kapitel 11 auf.

Eine Außenlandung können wir jedoch versuchen. Eine Außenlandung ist die Landung auf einem Feldweg oder auf einer Wiese. Schauen wir uns also nach einer geeigneten Wiese um. Geeignet ist für unsere Zwecke alles, was nicht mit Gebäuden oder Straßen zugebaut ist. Stabilisieren wir uns erst einmal in der Platzrundenhöhe von 1000 ft über Grund, was 1600 ft auf unserem Höhenmesser entspricht. Die Geschwindigkeit sollte ca. 100 kts betragen. Wenn wir die geeignete Landefläche vor uns haben (es gibt ja wirklich genug davon), reduzieren wir die Motorleistung auf 1500 rpm (etwa ¼ Ausschlag am Throttle indicator). Bei einer Pitch von 0 Grad stellen sich 500 fpm Sinken bei konstanter A/S von 100 kts ein.

Zum Landen brauchen wir noch etwas Klappen, um die Aufsetzgeschwindigkeit zu verringern und damit auch den Bremsweg zu verkürzen. Mit Hilfe der Taste <F3> (Funktionstasten links) bzw. <F6> (Funktionstasten oben) fahren wir die Landeklappen um eine Stufe herunter, was einer Klappenstellung von 15 Grad entspricht. Die Geschwindigkeit geht nun auf 80 kts zurück, ebenfalls reduziert sich durch die geringere A/S die

Bild 8.4

Propellerdrehzahl auf 1250 rpm, obwohl wir nichts an der Power verstellt haben. Die Pitch beträgt −1 Grad (Bild 8.4).
Der Sinkflug sollte nun stabil mit 500 fpm sein. Sie können dann alles loslassen und sich ansehen, was das Flugzeug macht. Bei einer Höhenmesseranzeige von 700 ft sind wir ganz nahe am Boden. Es wird nun Zeit, die Power langsam herauszuziehen. Die Maschine meldet mit einem Piepser, der das Quietschen der Räder nachahmen soll, daß wir unsere erste erfolgreiche Außenlandung hinter uns haben. Nun noch mit Hilfe der <.>-Taste bremsen.

Herzlichen Glückwunsch!

Sie haben nun gesehen, wie stabil ein Landeanflug aussehen kann. Wir werden dies noch bei Instrumentenanflügen gebrauchen können.

9
Instrumentenflugverfahren

9.1 Warteschleifen

Da es in der Fliegerei keine Straßen gibt, die man sehen kann, werden die Luftstraßen durch Funkfeuer markiert. Ist auf einer solchen Luftstraße ein Verkehrsstau, können die Flugzeuge natürlich nicht einfach anhalten, sie müssen in eine Warteschleife (holding) einfliegen. Dieses *holding* dient dem Zweck, die erforderliche Wartezeit abzufliegen. Es hat die Form einer Rennbahn und wird deshalb auch oft als *race track pattern* bezeichnet (Bild 9.1).

Es gibt auch hier wieder Standard- und Non-Standard-Warteschleifen. Das hier abgebildete Holding entspricht einem Standard-Holding. Alle Kurven sind Rechtskurven. Daraus können wir nun messerscharf schließen, daß Non-Standard-Holdings nach links geflogen werden. In unserer Beschreibung der Warteschleifen werden wir nur auf die Standard-Warteschleifen eingehen, da es sowieso sehr unwahrscheinlich ist, daß im Simulator ein Verkehrsstau auftritt.

Wie groß ist nun so eine Warteschleife? Sie ist normalerweise nicht mit Distanzen definiert, sondern durch Zeiten. In Abhängigkeit von der Flughöhe kennt man das *Ein-Minuten-* und das *Eineinhalb-Minuten-*Holding. Diese Zeitangaben beziehen sich auf die Geraden innerhalb unseres Holdings. Die Kurven werden

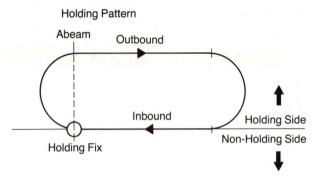

Bild 9.1   Warteschleife (Holding)

mit dem sogenannten Rate one turn geflogen, den wir bereits kennengelernt haben. Zur Erinnerung: Bei einem solchen Turn brauchen wir eine Minute, um eine Kurve von 180 Grad zu fliegen. Ein Holding dauert also vier Minuten. Von der Fluggeschwindigkeit ist es nun abhängig, wie groß die Warteschleife wird. Um eine Maximalgröße zu gewährleisten, sind Höchstgeschwindigkeiten vorgeschrieben, die wir mit der kleinen Cessna jedoch nicht erreichen. Der Lear Jet jedoch muß die maximal vorgeschriebenen Geschwindigkeiten beachten. Diese Maximalgeschwindigkeiten sind von der jeweiligen Flughöhe abhängig. Sie betragen:

bis FL 60	210 kts
FL 65 bis FL 140	220 kts
über FL 140	240 kts

Definiert wird ein Holding durch ein *holding fix* und den *inbound course*. Das Holding fix ist in der Regel ein Funkfeuer wie z. B. das Modesto-Holding (MOD 114,6, siehe San Francisco, LOCKE Nine Arrival). Es kann aber auch durch ein Radial und eine DME-Distanz definiert sein, wie z. B. das GROAN-Holding (definiert durch Scaggs Island, SGD 112,1, ebenfalls San Francisco, LOCKE Nine Arrival).

Der *Inbound course* ist der Kurs, der uns zum Holding fix führt. Bei dem schon angesprochenen Holding über GROAN beträgt der Inbound course 287 Grad. Unsere weiteren Beispiele wollen wir an diesem Holding veranschaulichen.

9.1.1 Einflugmethoden

In der Praxis fliegt man aus den unterschiedlichsten Richtungen auf ein Holding zu. Man hat deshalb drei Einflugsektoren definiert und ihnen jeweils ein Einflugverfahren zugeordnet. Diese Sektoren wurden von 1 bis 3 durchnumeriert (Bild 9.2).

Das GROAN-Holding liegt genau auf der veröffentlichten Anflugroute. Wird diese abgeflogen, gibt es nur eine Einflugmethode. Falls man aber unter Radarführung fliegt, kann es schon möglich sein, daß man aus einer anderen Richtung auf diesen Punkt zufliegt und von der Flugsicherung eine Warteschleife

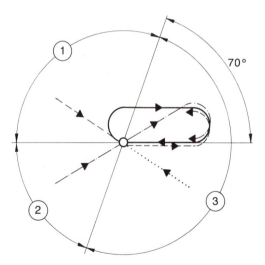

Bild 9.2 Einflugsektoren in ein Holding

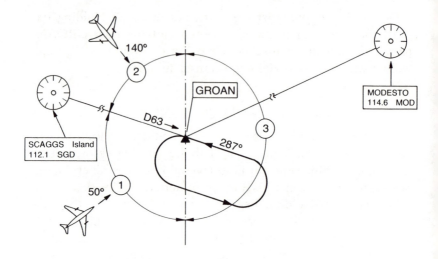

Bild 9.3   Einflugsektoren für das GROAN-Holding

verpaßt bekommt. Zu beachten ist dabei, daß es sich hierbei nicht um ein Standard-Holding mit Rechtskurven handelt, sondern um ein Non-Standard-Holding, das links herum geflogen werden muß.

Bild 9.3 zeigt uns die Einflugsektoren des GROAN-Holdings. Kommen wir z. B. mit einem Kurs von 50 Grad auf das Holding fix zugeflogen, so kommen wir aus dem Einflugsektor 1. Fliegen wir mit einem Kurs von 140 Grad, befinden wir uns im Sektor 2. Auf der Anflugroute, von Modesto kommend, sind wir im Sektor 3.

Der Einflug in das Holding aus Sektor 1 nennt sich *parallel entry* (Bild 9.4). Hierbei wird nach Überflug der Station sofort auf Parallelkurs eingedreht. Nach Ablauf einer Minute wird mit einer Linkskurve wieder zur Station zurückgeflogen. Beim zweiten Überflug des Holding fix wird dann zum Holding pattern eingekurvt.

Einflugmethoden

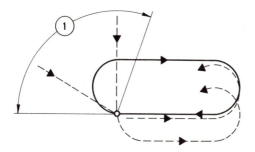

Bild 9.4 Einflug in das Holding aus Sektor 1

Der Einflug aus Sektor 2 nennt sich *tear drop entry* (Bild 9.5). Nach Überfliegen des Fix wird auf den Tear-drop-Kurs eingedreht. Dieser Steuerkurs berechnet sich aus: *outbound course* −30 Grad. Wiederum nach einer Minute wird in einer Rechtskurve zum Fix zurückgekehrt.

Der Sektor-3-Einflug ist der sogenannte *direct entry* (Bild 9.6). Nach Überfliegen des VOR dreht man direkt auf den Outbound

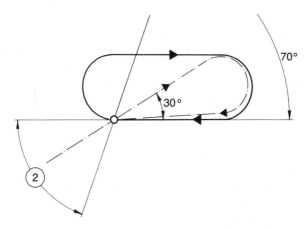

Bild 9.5 Einflug in das Holding aus Sektor 2

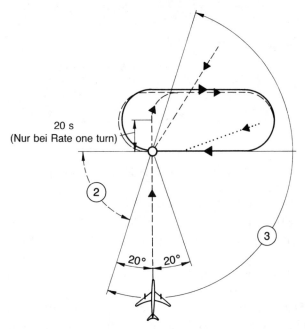

Bild 9.6 Einflug in das Holding aus Sektor 3

course ein. Kommt man senkrecht zum *inbound course* auf das Fix zugeflogen (± 20 Grad), so gibt es ein Spezialverfahren. In diesem Fall fliegt man nach Passieren des VOR 20 s geradeaus und dreht erst dann auf den Outbound course ein. Für Non-Standard-Holdings gilt dies alles genauso, nur eben seitenverkehrt.

Windeinfluß «verbiegt» ein solches Holding pattern natürlich. Es gibt eine Reihe von Faustformeln zur Berechnung der Vorhaltewinkel bei Windeinfluß. Diese Formeln helfen in der Praxis jedoch sehr wenig, da der genaue Wind in der Regel nicht bekannt ist. Man muß sich also diese Korrekturen erfliegen. In unserem Simulator machen wir es uns leicht und setzen den Wind einfach auf Null.

9.2 Anflugrouten

Zur Regelung des an- und abfließenden Verkehrs gibt es spezielle An- und Abflugrouten. Wir befassen uns zunächst mit den Anflugrouten. Die Anflugrouten werden von den zuständigen Behörden ausgearbeitet. Sie gewährleisten einerseits einen sicheren Anflug unter Instrumentenflugbedingungen, bezogen auf die Mindestsicherheitshöhen. Andererseits sind diese Anflugrouten meist auch nach Kriterien der geringsten Geräuschbelastung für die Anwohner ausgewählt. Wir wollen anhand von San Francisco International Airport die Anflugrouten durchsprechen. Wenn Sie dieses Anflugverfahren gleich nachvollziehen wollen, müssen Sie im NAV/COM-Menü die Koordinaten von San Francisco eingeben. Diese sind:

North 17340
East 5060
Alt. 799

Wir besprechen die sogenannte LOCKE Nine Arrival (Bild 9.7). Dieses Anflugverfahren hat seinen Namen von der LOCKE intersection. Eine intersection ist eine Kreuzung bzw. der Kreuzungspunkt zweier Radiale. Während eine VOR immer eine Kennung aus drei Buchstaben hat, wird eine Intersection immer mit fünf Buchstaben gekennzeichnet, in unserem Beispiel eben mit Locke. Als Voreinflugfunkfeuer dienen die VORs Mustang FMG, Mina MVA, Coaldale OAL und Clovis CZQ. Entsprechend gibt es auf diesem Anflug die Transitions Mustang, Mina, Coaldale und Clovis. Transition heißt hier soviel wie Überleitung oder Übergang. Die Beschreibung dieses Übergangs steht im Klartext oben links auf der Anflugkarte. Die Übersetzung kann man sich wohl sparen, da die bildliche Darstellung des Anflugs recht eindeutig ist. Die erforderlichen Mindesthöhen auf diesem Teil des Anflugs stehen fett gedruckt bei den Rich-

LOCKE NINE ARRIVAL (MOD.LOCKE9)

JEPPESEN APR 29-88 (10-2B) Eff May 5 — **SAN FRANCISCO, CALIF** — **SAN FRANCISCO INTL**
ATIS 108.9 113.7 118.85

STAR

NOT TO SCALE

LOCKE NINE ARRIVAL (MOD.LOCKE9) TRANSITIONS
Clovis (CZQ.LOCKE9): From Clovis VORTAC to Modesto VORDME (73nm): Via Clovis R-304 and Modesto R-093. Thence
Coaldale (OAL.LOCKE9): From Coaldale VORTAC to Modesto VORDME (153 nm): Via Coaldale R-246 and Modesto R-064. Thence
Mina (MVA.LOCKE9): From Mina VORTAC to Modesto VORDME (158 nm): Via Mina R-204, Coaldale R-246 and Modesto R-064. Thence
Mustang (FMG.LOCKE9): From Mustang VORTAC to Modesto VORDME (142 nm): Via Mustang R-182 and Modesto R-064. Thence

ARRIVAL
From over Modesto VORDME via Modesto R-245 to Groan Int, then via Scaggs Island R-107 to Upend Int. EXPECT vector to final approach course. EXPECT clearance to cross Locke Int at 10000'. Turbojets cross Locke Int at 250 Kt IAS.

MUSTANG (H) 117.9 FMG N39 31.9 W119 39.3
MINA (H) 115.1 MVA N38 33.9 W118 01.9
COALDALE (H) 117.7 OAL N38 00.2 W117 46.2
CLOVIS (H) 112.9 CZQ N36 53.2 W119 48.2
MANTECA (H) 116.0 ECA N37 50.0 W121 10.2
MODESTO (H) 114.6 MOD N37 37.6 W120 57.4
SCAGGS ISLAND (L) 112.1 SGD N38 10.8 W122 22.3
SAN FRANCISCO (L) 115.8 SFO N37 37.2 W122 22.4
ISI (L) 108.9

UPEND N38 01.9 W122 05.8 Expect vector to final approach course
LOCKE N37 42.8 W121 30.5 Expect clearance to cross at 10000' (Turbojets) Cross at 250 Kt IAS
GROAN N37 35.4 W121 17.0
TROSE N37 42.0 W120 24.2
INYOE N37 53.7 W118 45.8
MUSTANG (FMG.LOCKE9) 22000 115
CLOVIS (CZQ.LOCKE9) 8000 47
COALDALE (OAL.LOCKE9) 19000 48

San Francisco Intl 11

CHANGES: See other side.

© JEPPESEN SANDERSON, INC., 1986, 1988. ALL RIGHTS RESERVED

Abflugrouten 121

tungspfeilen. Von FMG aus sind dies 22 000 ft bis TROSE und anschließend 18 000 ft bis Modesto MOD. Von MOD kommend geht es dann über GROAN intersection nach LOCKE. Dieser Teil des Anflugs nennt sich *initial approach*, wörtlich übersetzt also Anfangsanflug oder auch Voranflug. Der Initial approach endet mit dem Überflug des Haupt-Anflugfunkfeuers, im Fachjargon *main nav aid* genannt. In unserem Fall ist die UPEND intersection das Main nav aid.

Nun beginnt der *intermediate approach* bzw. Zwischenanflug. Er kann mit einem Holding und/oder *procedure turn* (siehe Abschnitt 9.4) kombiniert werden. Es sind von Fall zu Fall verschiedene Arten des Zwischenanflugs möglich. Wir werden bei der Behandlung der Approaches (Abschnitt 9.5) nochmals darauf zurückkommen. Auf unserer Anflugkarte finden wir unter dem fett gedruckten ARRIVAL im Text oben noch eine Bemerkung:

Expect vectors to final approach course.

Dieser Satz besagt, daß das Flugzeug in der Regel von einem Fluglotsen auf den Endanflug geführt wird. Der Intermediate approach endet, wenn sich das Flugzeug auf dem Endanflugskurs, dem *Final approach,* befindet.

Der Endanflug ist abhängig von der Art des zu fliegenden Anflugs. Wir werden darauf ausführlich im Abschnitt 9.5 eingehen.

9.3 Abflugrouten

Die Abflugrouten, *departure routes*, sind ähnlich aufgebaut wie die Anflugrouten. Auch hier spielen die Sicherheit und die Lärmbelastung eine große Rolle.

Unser Beispiel behandelt die San Francisco Three Departure (Bild 9.8). Im Textteil fällt uns gleich ein Satz auf:

Bild 9.7 Das Anflugverfahren «LOCKE Nine Arrival»

SAN FRANCISCO, CALIF
SAN FRANCISCO INTL

SID

JEPPESEN SEP 2-88 (10-3F)

BAY Departure (R) 120.9

SAN FRANCISCO THREE DEPARTURE (SFO3.SFO)(VECTOR)
MT SAN BRUNO WEATHER INFORMATION AVAILABLE ON 118.05
(RWYS 1 L/R and 28 L/R)

This SID requires a minimum climb gradient of: 300' per nm to 2000' for obstacle clearance.

Gnd speed-Kts	75	100	150	200	250	300
300' per nm	375	500	750	1000	1250	1500

TAKE-OFF
Rwys 1 L/R: Climb via a 030° heading (or as assigned) for vector to assigned route/fix.
Rwys 28L/R: Climb via San Francisco R-281 to Normm Int for vector to assigned route/fix.
LOST COMMUNICATIONS PROCEDURE ONLY
If not in contact with Departure Control after reaching 3000', continue to climb to assigned altitude and proceed direct to assigned route/fix.

(Rwys 1 L/R) Climb via a 030° hdg (or as assigned) for vector to assigned route/fix.

NORMM N37 43.2 W122 36.7
Expect vector to assigned route/fix

RED BLUFF (H) 115.7 RBL N40 05.9 W122 14.1
WILLIAMS (L) 114.4 ILA N39 04.3 W122 01.6
SACRAMENTO (L) 115.2 SAC N38 26.6 W121 33.0
LINDEN (L) 114.8 LIN N38 04.5 W121 00.2
MANTECA (H) 116.0 ECA N37 50.0 W121 10.2
CONCORD (T) 117.0 CCR N38 02.7 W122 02.6
OAKLAND (H) 116.8 OAK N37 43.6 W122 13.4
SAN FRANCISCO (L) 115.8 SFO N37 37.2 W122 22.4
WOODSIDE (L) 113.9 OSI N37 23.6 W122 16.8
BIG SUR (L) 114.0 BSR N36 10.9 W121 38.5
MENDOCINO (L) 112.3 ENI N39 03.2 W123 16.4
POINT REYES (H) 113.7 PYE N38 04.8 W122 52.0
SCAGGS ISLAND (L) 112.1 SGD N38 10.8 W122 22.3
SAUSALITO (L) 116.2 SAU N37 51.3 W122 31.3
HADLY N37 24.1 W122 34.5
ALCOA D172 ENI 256° OAK 116.8 / 224° 112.3 D141 N37 50.0 W125 50.0 (MRA 28000)
BEBOP D148 ENI 112.3 196° D129 230° SAU 116.2 D140 266° OAK 116.2 N37 00.0 W125 00.0
CLUKK D154 SAU 116.2 210° OAK 116.8 D160 216° 253° D155 N36 05.0 W124 50.0 (MRA 29000)

PYE 113.7 144°
D13 281° D25 D43 204° OAK 116.8

NOT TO SCALE

CHANGES: Communications.

© JEPPESEN SANDERSON, INC., 1987, 1988. ALL RIGHTS RESERVED

«This SID requires a minimum climb gradient of 300' per NM to 2000.»

Dies bedeutet, daß das Flugzeug in der Lage sein muß, einen Mindeststeiggradienten von 300 ft pro NM zu erfliegen, bis es die Höhe von 2000 ft erreicht hat. SID ist dabei die Abkürzung von *standard instrument departure*. Gleich darunter finden wir eine Tabelle, in der der geforderte Steiggradient in eine Steigrate bei entsprechender Geschwindigkeit über Grund umgerechnet ist. Bei einer Geschwindigkeit von 75 kts, was unserer Abfluggeschwindigkeit entspricht, müssen wir eine Steigrate von 375 ft/min erreichen können.

Je nachdem, ob wir auf der Startbahn 01 L/R, also in nördlicher Richtung, oder auf der Startbahn 28 L/R starten, müssen wir einem unterschiedlichen Abflugverfahren folgen. Nach dem Start auf der Bahn 01 muß man eine Kurve auf 030 Grad machen und auf Anweisung des Fluglotsen warten, der das Flugzeug dann auf das entsprechende Fix oder die entsprechende Luftstraße zurückführt. Starten wir auf der Bahn 28, müssen wir dem Radial 281 der San Francisco-VOR bis zur NORMM intersection folgen.

9.4 Verfahrenskurven

Verfahrenskurven, auch *procedure turns* genannt, sind standardisierte 180-Grad-Richtungswechsel. Nach einem sauber geflogenen Procedure turn befindet man sich wieder genau auf Gegenkurs, also nicht nur in der Gegenrichtung, sondern auch auf dem geforderten Weg über Grund. Verfahrenskurven werden in Verbindung mit Instrumentenanflügen durchgeführt.

Es gibt zwei verschiedene Arten von Verfahrenskurven: den 80-Grad-Procedure turn (Bild 9.9) und den 45-Grad-Procedure turn (Bild 9.10). Bild 9.11 zeigt, wie eine Verfahrenskurve im Zusammenhang mit einem Anflug zu fliegen ist. Wie bei den

Bild 9.8 Die Abflugroute «San Francisco Three Departure»

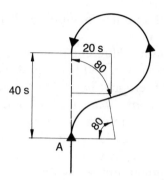

Bild 9.9 Verfahrenskurve (Procedure turn) 80 Grad

Holdings auch, sind die Verfahrenskurven durch Zeiten definiert, die Sie ebenfalls den Bildern entnehmen können. Alle Kurven werden mit der Drehgeschwindigkeit von 3 Grad pro Sekunde, also mit unserem alten bekannten Rate one turn, geflogen. Die Procedure turns sind so zu planen, daß die Zeit, die anschließend zum Approach fix geflogen werden soll, mindestens eine Minute beträgt. In Bild 9.11 ist zu sehen, daß deshalb

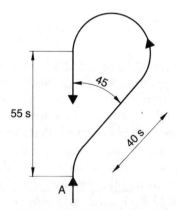

Bild 9.10 Verfahrenskurve (Procedure turn) 45 Grad

Verfahrenskurven

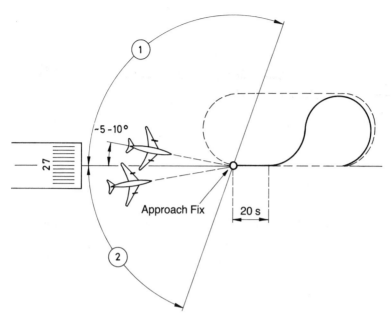

Bild 9.11 Verfahrenskurve im Zusammenhang mit einem Anflug

nach dem ersten Passieren des Approach fix, 20 Sekunden Outbound, also vom VOR weg, zu fliegen sind. Durch die Geometrie des 80-Grad-Procedure turns ergibt sich dann die Inbound time, also die Zeit zum VOR hin, von einer Minute. Diese Minute ist notwendig, um sich auf dem Endanflugskurs zu stabilisieren, bevor man den Sinkflug zur Landung beginnt.

Bei einem 45-Grad-Procedure turn beträgt die Inbound time 55 Sekunden, so daß man nur 5 Sekunden nach dem ersten Überflug des Approach fix die Kurve beginnen kann. In den Jeppesen-Anflugkarten ist immer die 45-Grad-Verfahrenskurve abgedruckt. Es ist jedoch gleichgültig, welche Art des Procedure turn man wählt. Die 80-Grad-Version ist etwa 25 Sekunden kürzer als die 45-Grad-Version.

9.5 Approaches = Landeanflug

Alle vorher besprochenen Instrumentenflugverfahren dienten nur dem Zweck, das Flugzeug für den eigentlichen Anflug zur Landung, den Approach, zu positionieren. Mit Hilfe der jetzt besprochenen Anflugverfahren wird das Flugzeug so an die Landebahn herangeführt, daß eine Landung nach Sicht möglich ist. Man unterscheidet dabei:

☐ Non precision approaches und
☐ Precision approaches

Non precision approaches sind alle Instrumentenanflüge, die nur auf einer Richtungsinformation, durch ein Funkfeuer oder eine Bodenleitstelle, basieren.

Bei Precision approaches wird zusätzlich noch eine Sinkfluginformation mitgeliefert, die uns direkt anzeigt, ob wir zu hoch oder zu tief sind.

9.5.1 Non Precision Approaches

Da uns schon die Besprechung der An- und Abflugrouten nach Kalifornien gebracht hat, wollen wir auch die Approaches anhand von San Francisco International Airport besprechen.

VOR, NDB, LOC und LOC BC sind alle Non precision approaches. In unserem Beispiel wollen wir den VOR-Approach beschreiben (Bild 9.12).

Die LOCKE Nine Arrival hat uns bereits zur UPEND intersection geführt. Wir bekommen jetzt vom Fluglotsen die Freigabe für einen VOR-Anflug. Diese Freigabe beinhaltet die Sinkflugfreigabe auf die veröffentlichten Höhen. In unserem Fall ist dies 5000 ft, diese Höhe sollten wir beim Passieren von UPEND haben.

Auf unserem VOR-1-Empfänger (NAV 1) sollte schon die Frequenz 115,8 gerastet und auf dem CDI der Inbound course

Bild 9.12

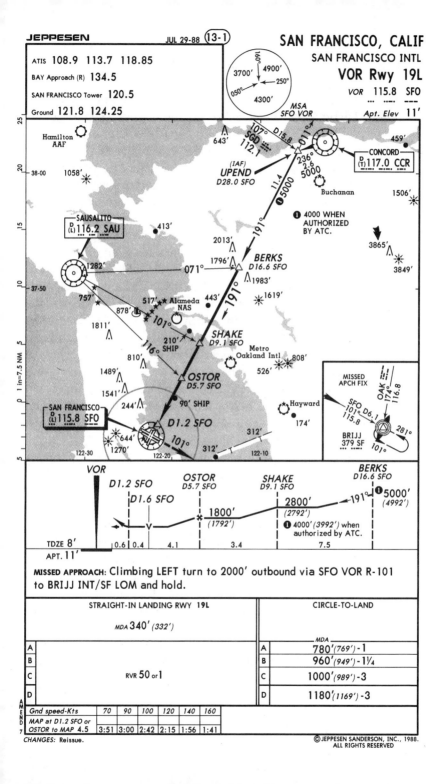

von 191 Grad eingestellt sein. Auf NAV 2 könnte noch die Scaggs Island VOR (112,1 SGD) mit dem Kurs 287 eingestellt sein.

Sobald sich die Nadel innerhalb des CDI 1 bewegt, müssen wir auf den Endanflugkurs einschwenken. Zeigt die Nadel nach links, müssen wir leicht nach links korrigieren. Nach rechts gilt natürlich das gleiche. Wichtig ist hier, nicht zu übersteuern. Wenn die Ablage nur etwa 5 Grad beträgt, wäre es töricht, mit mehr als etwa 15 Grad zu korrigieren. Die Folge wäre ein Überschießen des Sollkurses. Ein kleines Beispiel:

Der Sollkurs beträgt 191 Grad. Wir sind den Inbound turn etwas zu eng geflogen, und die Nadel am CDI zeigt an, daß wir uns ca. 5 Grad zu weit links unseres Sollkurses befinden.

Es reicht nun völlig, wenn wir mit ca. 15 bis 20 Grad nach rechts korrigieren. Unser Steuerkurs sollte also etwa 210 Grad betragen, bis wir den Sollkurs erreicht haben, dann wieder auf 191 Grad zurückdrehen.

Je näher wir uns an der Station befinden, desto geringer und vorsichtiger sollten unsere Korrekturen sein, da durch die konzentrische Anordnung der Radiale die Abstände zwischen ihnen mit der Distanz zur Station abnehmen.

Auf dem Inbound course können nun der NAV-2-Empfänger auf Sausalito VOR (116,2 SAU) und die erforderlichen Radials zum Bestimmen der BERKS, SHAKE und OSTOR intersections eingestellt werden.

Wir erreichen nun BERKS und dürfen auf 2800 ft sinken. Dieser Wert ist auf dem Querschnittsbild unterhalb der Anflugkarte abzulesen. Bei SHAKE dürfen wir weiter auf 1800 ft sinken. Jetzt sollten auch das Fahrwerk und die Landeklappen ausgefahren werden. Durch die Wahl der Klappenstellung ergibt sich die Anfluggeschwindigkeit, die Sie bitte dem Anhang entnehmen.

Haben wir diese Höhe bei OSTOR noch nicht erreicht, wird es Zeit, sich zu beeilen. Erreichen wir die Höhe vorher, müssen wir

sie beibehalten. Ein guter Wert für den Sinkflug ist eine Sinkrate von etwa 500 bis 600 ft/min.
Wir sinken nun auf unser Minimum (MDA, minimum descent altitude) von 340 ft. Nun müssen wir spätestens die Landebahn sehen. Wenn wir bei aller Aufmerksamkeit für die Höhe den Kurs nicht vernachlässigt haben, sollte eine erfolgreiche Landung möglich sein. Wichtig ist auch hier wieder, nicht zu übersteuern. Wir befinden uns sehr nah an der Landebahn und sollten nur ganz kleine Korrekturen machen.
Beim Simulator ist normalerweise nur schönes Wetter einprogrammiert. Es hindert uns aber niemand daran, die Wetterbedingungen zu ändern, um einen Anflug unter IFR-Bedingungen zu simulieren. Sehen wir bei Erreichen des Minimums die Landebahn nicht, müssen wir durchstarten. Dazu geben wir Vollgas, fahren das Fahrwerk und die Landeklappen (auf genügend Geschwindigkeit achten) ein. Das Durchstartverfahren ist unterhalb des Querschnitts beschrieben:
Eine Linkskurve auf das Radial 101 der SFO VOR fliegen und dabei auf 2000 ft steigen. Bei BRIJJ in das veröffentlichte Holding einfliegen.
Entweder wir versuchen von dort aus noch einen Anflug, oder wir fliegen zu einem Ausweichflughafen.

9.5.2 Precision Approaches

Nehmen wir einmal an, wir hätten den eben beschriebenen VOR-Anflug durchgeführt, weil das ILS (Instrumenten-Landesystem) aus irgendwelchen Gründen, wie z. B. Wartung, abgeschaltet war. Das Wetter war jedoch so schlecht, daß wir bei einer Höhe von 1300 ft noch keine Sicht auf die Landebahn hatten und deshalb durchstarten mußten. Wir befinden uns jetzt im BRIJJ Holding und überlegen, was zu tun ist. Da meldet sich der Fluglotse und teilt uns mit, daß das ILS jetzt wieder funktioniert. Der Wind hat ebenfalls etwas gedreht, die Landebahn 28 L ist jetzt in Gebrauch. Die Wolkenuntergrenze gibt er mit 300 ft an. Wir entscheiden uns jetzt, den Anflug mit Hilfe des ILS nochmals zu versuchen, da das Minimum für diesen Anflug 210 ft beträgt. Wir dürfen also bei diesem Anflug 130 ft oder ca. 50 m tiefer sinken als beim VOR-Approach, da beim ILS ein elektronischer Gleitpfad ausgesendet wird, den wir mit unserem NAV-Gerät empfangen und auf dem CDI anzeigen können. Bevor wir nun den eigentlichen Anflug besprechen, einige Informationen über die Wirkungsweise des ILS.

Die ILS-Bodenanlage besteht aus drei Komponenten:

☐ dem Landekurssender (localizer transmitter),
☐ dem Gleitwegsender (glidepath transmitter),
☐ den Markierungsfeuern (marker beacons).

Der Landekurssender markiert die Verlängerung der Landebahn-Mittellinie. Er strahlt zwei Felder ab, die sich genau auf der Mittellinie der Landebahn überlappen. Diese Felder strahlen nicht nur in Anflugrichtung ab, sondern auch in die Gegenrichtung. Man spricht deshalb von einem *front course* und einem *back course* (Bild 9.13).

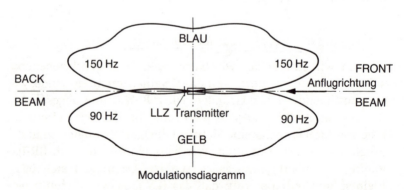

Bild 9.13   Modulationsdiagramm des ILS

Approaches

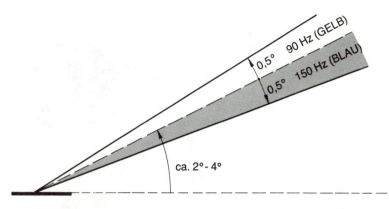

Bild 9.14 Gleitwegsender

Der Gleitwegsender funktioniert ähnlich, benutzt jedoch einen anderen Frequenzbereich, um Überlagerungen auszuschließen (Bild 9.14).
Die Markierungsfunkfeuer dienen als Vor- und Haupteinflugzeichen. Man bezeichnet sie auch als Outer marker, OM und Middle marker, MM. Sie dienen zum Überprüfen der Position und Höhe beim ILS-Anflug.
Der Überflug eines Markers wird auf dem Instrumentenbrett durch das Aufleuchten einer Lampe angezeigt. Diese Lampen befinden sich bei den Buchstaben *OMI*. Sie stehen für *outer, middle* und *inner marker*. Einen *Inner marker* gibt es jedoch nur auf Militärflugplätzen.
Das ILS-Anzeigegerät kennen wir schon, den CDI. Sobald wir am Empfänger eine ILS-Frequenz rasten, wird gleichzeitig die entsprechende Gleitwegfrequenz eingestellt. Im CDI wird jetzt nicht nur die vertikale Nadel lebendig (sofern wir in der Reichweite eines Senders sind), sondern auch die horizontale, die zur Anzeige des Gleitwegs dient. Sie zeigt an, wo der Gleitpfad relativ zum Flugzeug liegt. Sind wir unterhalb des Gleitwegs,

Instumentenflugverfahren

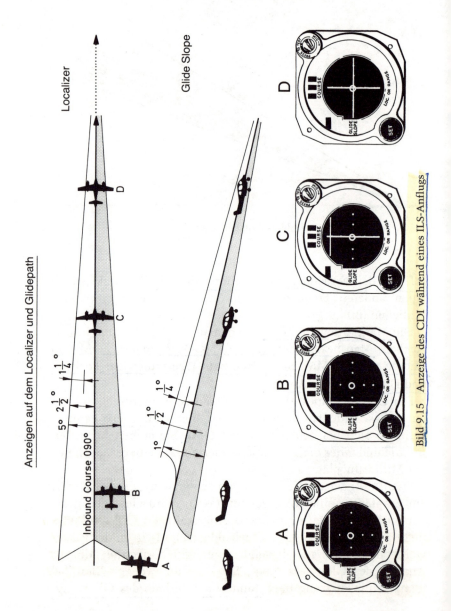

Bild 9.15 Anzeige des CDI während eines ILS-Anflugs

steht die Nadel oben, wir müssen also nach oben korrigieren. Befinden wir uns über dem Gleitweg, gilt dies natürlich umgekehrt. Bild 9.15 zeigt die Anzeige des CDI anhand von vier verschiedenen Positionen während eines ILS-Anflugs.

Nun zurück zu unserem Anflug. Der Fluglotse gibt uns die Freigabe für einen Standard-ILS-Anflug auf die Landebahn 28L (Bild 9.16). Das L steht für «links», der Anflug ist also für die linke Landebahn 28 von San Francisco ausgelegt. Der Anflug beginnt – dies ist sehr praktisch – bei der BRIJJ intersection in einer Höhe von 1800 ft. Wir müssen also im Holding auf 1800 ft sinken, und beim nächsten Überflug von BRIJJ beginnt unser Anflug. Das Setzen der erforderlichen Funkfeuer sollte vor Beginn des Anflugs überlegt werden. Am zweckmäßigsten ist es, auf NAV 1 109,5 ISFO mit dem Kurs 281 und auf NAV 2 115,8 SFO ebenfalls mit Kurs 281 einzustellen. Man kann damit sehr gut das ILS überprüfen. Der Outer marker, OM, liegt bei 6,1 DME von SFO, also genau bei BRIJJ. Falls dieser Sender ausfallen sollte, kann er also durch das DME ersetzt werden.

Vor Erreichen des OM sollte die Flugzeugkonfiguration zur Landung hergestellt werden, d. h., Fahrwerk und Landeklappen sollten kurz vor BRIJJ ausgefahren werden. Wir wählen für unseren Anflug eine Klappenstellung von 40 Grad, das ergibt eine Anfluggeschwindigkeit von 65 kts. Während wir uns dem OM nähern, erscheint die Gleitpfadanzeige von oben im CDI. Mit Erreichen des OM ist die Nadel des Gleitwegs genau in der Mitte. Die exakte Höhe über dem OM ist, wie bereits gesagt, 1800 ft. Wir müssen nun das Gas herausnehmen und den Sinkflug beginnen. Anhaltswerte für die Einstellung von Power und Pitch finden Sie in Tabelle 8.1.

Um einen ILS-Gleitweg zu fliegen, braucht man eine Sinkrate von ca. 500 fpm, was eine Motoreinstellung von 1800 RPM erfordert. Das Wichtigste bei einem ILS-Anflug ist der stabilisierte Flugzustand. Ist dieser erreicht, braucht man nur kleine Korrekturen, um auf dem ILS-Leitstrahl zu bleiben. Ist man

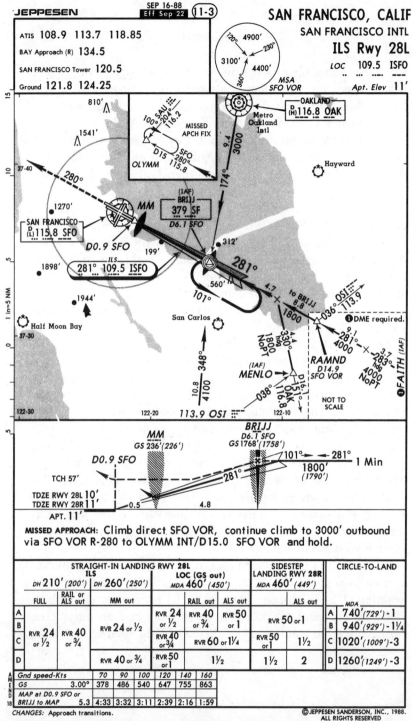

Approaches

leicht über dem Gleitpfad, braucht man die Sinkrate nur geringfügig auf etwa 800 fpm zu erhöhen, um auf den Gleitweg zurückzukommen. Stärkere Korrekturen führen zwangsläufig zum Übersteuern. Je näher wir der Aufsetzzone kommen, desto geringer müssen auch die Korrekturen sein. Wenn Sie diese Ratschläge beherzigen und bei der Lektüre dieses Buches einige manuelle fliegerische Fähigkeiten erlangt und trainiert haben, steht einer erfolgreichen Landung nichts mehr im Wege. Hals- und Beinbruch!

Falls es nicht auf Anhieb klappen sollte, können Sie mit Hilfe der Mode-Diskette die Modes «SANFRAN1.MOD» bis «SANFRAN4.MOD» ausprobieren.

Bild 9.16

10
Die Flugkarten und ihre Interpretation

10.1 Grundlegendes

Wie bei Autostraßenkarten auch, gibt es bei den Luftfahrtkarten eine Reihe von Anbietern, die Karten mit verschiedenem Aussehen herstellen. In diesem Buch werden nur Karten der Firma Jeppesen verwendet, die die größte und bekannteste auf dem Gebiet des Luftfahrtzubehörs ist.
Man kann Luftfahrtkarten grob in zwei Sparten einteilen:

- Streckenkarten (enroute charts) und
- Landekarten (approach charts).

Zu den Landekarten sind noch die An- und Abflugkarten und zu den Streckenkarten noch die sogenannten *area charts* zu zählen.
Die Area charts stellen den Nahbereich eines großen Verkehrsflughafens dar. Im Anhang finden Sie Auszüge der Area charts von:

> San Francisco
> München
> London
> Paris

Die Enroute charts dienen zur Streckennavigation. Sie erstrecken sich über einen oder mehrere Staaten. Im Anhang finden Sie

einen Auszug der Low altitude enroute chart 6 von Süddeutschland, in dem die Streckenabschnitte von Frankfurt nach Nürnberg, Stuttgart und München dargestellt sind.
Beispiele von An-, Abflug- und Landekarten finden Sie in den Kapiteln 9 und 11.

10.2 Enroute Charts

In Bild 10.1 sind die Zeichen und Bezeichnungen auf Jeppesen-Enroute charts dargestellt. Wir wollen diese Legende besprechen, indem wir die einzelnen Begriffe, soweit sie für uns interessant sind, übersetzen und erklären. Wir beginnen oben und fahren dann entlang des Airways, der mit 144 Grad von der VOR wegführt.

Longitude:	Geografische Länge
Latitude:	Geografische Breite
Magnetic Variation:	Differenz zwischen wahrer und magnetischer Nordrichtung
Magnetic VOR Radial: Forming Airway	Die Radiale von VORs sind auf magnetisch Nord ausgerichtet. Die Kursangabe definiert eine Luftstraße.
Leg Segment Mileage:	Distanz eines Streckensegments in Meilen
D = DME Fix:	Ein Fixpunkt, durch DME festgelegt
Intersection:	Ein Kreuzungspunkt, Namen bestehen immer aus fünf Buchstaben.
MEA:	Mindesthöhe auf dieser Strecke
D with Distance:	DME-Distanz von der Station
Centerline:	Mittellinie der Luftstraße
Airway Designator:	Bezeichnung der Luftstraße «V 15»
Total Mileage:	Gesamtdistanz zwischen zwei Stationen

Bild 10.1

INTRODUCTION

ENROUTE CHART LEGEND

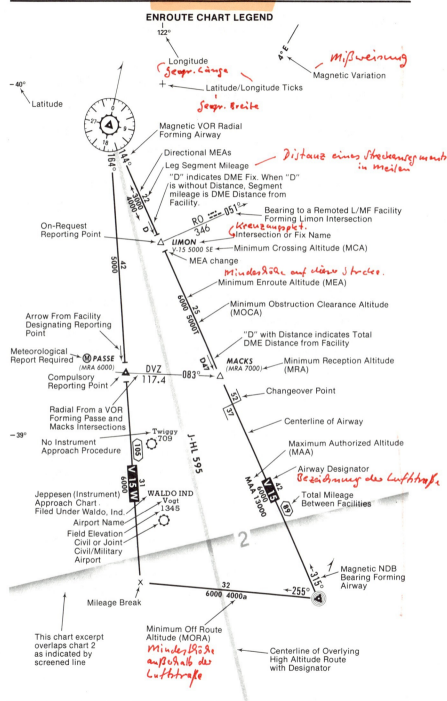

140 Flugkarten und ihre Interpretation

MORA:	Mindesthöhe außerhalb der Luftstraße
Airport:	Ziviler oder militärischer Flugplatz
Field Elevation:	Höhe des Flugplatzes in Fuß (ft)
adial forming Intersections:	Radial, das die Kreuzpunkte PASSE und MACKS definiert.
Compulsory Reporting Point:	Pflichtmeldepunkt. Beim Passieren dieses Punktes muß der Flugsicherung Bescheid gesagt werden.

10.3 Approach Charts

In Bild 10.2 finden Sie die Erklärung der Zeichen, die uns auf den Anflugkarten begegnen. Dies schließt nicht aus, daß das eine oder andere Symbol auch in den Enroute- oder Area charts auftaucht, wie z. B. das ILS-Symbol. Hier nun die Erklärungen, soweit erforderlich.

Radio Symbols

VORTAC/VORDME:	VOR mit Entfernungsmeßeinrichtung
TACAN:	Die Militärversion des DME, kann auch in zivilen Flugzeugen empfangen werden
LOC:	Localizer, ILS-Landekurssender
LOC Back Course:	Gegenrichtung des Landekurses, kann auch für einen Anflug verwendet werden
LOM:	Einflugfunkfeuer (NDB) mit OM
OM, MM:	Outer marker und Middle marker

Bild 10.2

SID, STAR, AND PROFILE DESCENT LEGEND
GRAPHIC
(Charts are not drawn at a specific scale)

RADIO SYMBOLS

 VORTAC/VORDME

 VOR (VHF Omnidirectional Range)

 TACAN (Tactical Air Navigation) or DME (Distance Measuring Equipment)

 NDB (Nondirectional Radio Beacon)

LOC, LDA or SDF Front Course

LOC Back Course

Locator with Outer Marker (LOM)

● Outer Marker (OM)

● Middle Marker (MM)

RADIO IDENTIFICATION

```
┌─ DENVER ─┐
│ D
│(H)116.3 DEN
└N39 51.6 W104 45.1─┘
```

```
┌─ PRACHINBURI ─┐
│   201 PB
└N14 06.0 E101 22.0─┘
```

```
┌─── LOC ───┐
│  108.7 IMBS
└── ── ──── ──┘
```

```
┌─ LOC BACK CRS ─┐
│   109.7 IMEX
│ ── ── ──── ──
│ (FRONT CRS 269°)
└────────────────┘
```

Navaid identification is given in shadow box with frequency, identifier, Morse Code and latitude & longitude coordinates. DME capability is indicated by a small "D" preceding the VOR frequency at frequency paired navaids VOR and VORTAC facility operational ranges are identified (when known) within the navaid box. (T) represents Terminal; (L) represents Low Altitude; and (H) represents High Altitude.

Localizer navaids are identified by a round cornered box. Frequency identification and Morse Code are provided. DME is included when navaid and DME are frequency paired. Localizer back course facility boxes include front course bearing for HSI and PNI setting.

RESTRICTED AIRSPACE

PROHIBITED, RESTRICTED, DANGER AREAS
Prohibited, Restricted & Danger Areas are charted when referenced in SID or STAR source, plus any Prohibited Area within five (5) nautical miles of route centerline or primary airport.

Designation (Type of area can be determined by P-Prohibited, R-Restricted, D-Danger.)
Upper Limit
Lower Limit
Hours active
Controlling Agency

ROUTE PORTRAYAL

――――――→ SID/STAR Track

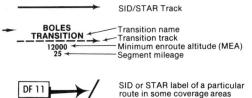
BOLES TRANSITION — Transition name
— Transition track
12000 — Minimum enroute altitude (MEA)
25 — Segment mileage

DF 11 — SID or STAR label of a particular route in some coverage areas

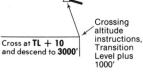
Cross at TL + 10 and descend to 3000'
Crossing altitude instructions, Transition Level plus 1000'

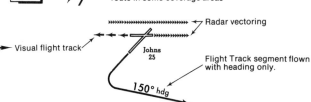
Visual flight track
Radar vectoring
Johns 25
150° hdg
Flight Track segment flown with heading only.

© 1984 JEPPESEN SANDERSON, INC.
ALL RIGHTS RESERVED

Radio Identification

Die Bezeichnung und Frequenz von Funkfeuern werden in einer *box* dargestellt. In diesem Beispiel heißt das Funkfeuer «Denver», hat die Abkürzung DEN und sendet auf der Frequenz 116,3 MHz. Das kleine D vor der Frequenzangabe bedeutet, daß diese VOR mit DME ausgerüstet ist. Unterhalb des Namens ist die Morsekennung dargestellt, die der Frequenz aufmoduliert ist und abgehört werden kann. Darunter steht die geografische Position.

NDBs haben eine Kennung aus zwei Buchstaben, außerdem sind sie noch an der Frequenz erkennbar.

Localizer bzw. ILS-Frequenzen sind in runden Boxen dargestellt. Sie haben eine vierbuchstabige Kennung.

Route Portrayal

Hier werden die Sollkurse und Bezeichnungen der Routen dargestellt.

11
Die Flugplätze mit Beispielen von Anflügen

Das Flugsimulationsprogramm bietet die Möglichkeit, ca. 100 Flugplätze in der Standardversion anzufliegen. Zusätzlich sind noch Scenery disks aus fast allen Teilen der Welt hinzugekommen, die es dem Computerflieger ermöglichen, seine Heimat neu kennenzulernen. Es ist pro verfügbarer Area meist nur ein ILS-Anflug möglich (Ausnahme San Francisco). Dies gilt auch für die Landschaftsdiskette für Europa. Die verfügbaren Areas Südwestdeutschland, Südengland und Nordfrankreich ermöglichen nur ILS-Anflüge auf Frankfurt, London und Paris. Wir möchten es Ihnen ermöglichen, auf einigen weiteren Flugplätzen zu landen, und haben deshalb in dieses Kapitel nicht nur vier ILS-Anflüge, sondern noch drei weitere Anflüge auf internationale Verkehrsflughäfen in Deutschland aufgenommen. Das Prinzip von Precision und Non precision approaches ist bereits in Kapitel 9 behandelt worden. Die Besprechung der Anflüge wird deshalb nur die wichtigsten Aspekte enthalten. Sie ist aufgebaut wie das sogenannte Approach briefing, das fester Bestandteil der professionellen Verkehrsfliegerei ist. Das Approach briefing ist die Besprechung des Anflugs in der Cockpit-Crew. Der Pilot, der den Anflug zu fliegen hat, unterrichtet seinen Nebenmann von eventuellen Besonderheiten des Anflugs, wie z. B. den Mindesthöhen, der Bahnbeschaffenheit und dem Durchstarteverfahren (missed approach).

Wir haben dies noch etwas ergänzt und geben Ihnen am Anfang die Simulatorkoordinaten und die Höhe (altitude) des Flugplatzes an, so daß Sie sich mit Hilfe des NAV-Menüs zu dem gewünschten Platz bringen können. Stellen Sie anschließend, noch am Boden stehend, die Navigationsempfänger wie vorgeschlagen ein.

Die Eingabe der Endanflugs-Koordinaten haben wir Ihnen mit der Neuauflage dieses Buches erspart. Sie finden sie zusammen mit allen hier besprochenen Anflügen auf einer Mode-Diskette, die diesem Buch beigefügt ist. Sie sind nach dem entsprechenden Flugplatz benannt (z. B. MUNCHEN-1.MOD) und bieten Ihnen die Möglichkeit, sich auf vier unterschiedlichen Positionen von etwa 10 NM Entfernung bis kurz vor dem Aufsetzen abzusetzen.

Wind und Wolken setzen Sie der Einfachheit halber auf 0. Ebenso verfahren Sie mit der realism. Die reliability sollte 100 % betragen. Haben Sie diese Werte alle eingegeben, speichern Sie diesen User mode am besten gleich als neuen Mode in der mode library ab. Sie können ihn dann jederzeit wieder aufrufen. Genaueres lesen Sie bitte im Kapitel 12, das sich ausführlich mit den Simulationskontrollen beschäftigt, nach.

Ein Haar ist trotz der insgesamt gut gemachten Scenery disk Europa in der navigatorischen Suppe zu finden. Die Endanflugskurse und manche anderen Dinge sind etwas «krumm» programmiert, so daß einige erhebliche Abweichungen zur Realität auftreten, wie das Beispiel München beweist.

Weiterhin ist die Sorgfalt, mit der die Landeplätze einprogrammiert wurden, nicht mit der zu vergleichen, wie sie bei den amerikanischen Flugplätzen angewandt wurde. Der Stuttgarter

Flughafen besteht hier beispielsweise nur aus einer vereinsamten Piste inmitten einer langweiligen Umgebung. Mit der sprichwörtlichen schwäbischen Sparsamkeit hat dies aber nichts zu tun.

11.1 San Jose ILS 12R

Die Koordinaten sind: North: 17185
                       East: 5164
                       Altitude: 56

Setzen der Navigationsempfänger:

    NAV 1:   ILS   111,1   Kurs 123
    NAV 2:   VOR   114,1   Kurs 123

Achtung: Die ILS-Frequenz des Programms ist eine andere als offiziell veröffentlicht!

Das ILS sollte immer auf NAV 1 gesetzt werden, da im CDI 2 kein Gleitweg angezeigt werden kann. Ebenso ist der Crosscheck etwas erleichtert, wenn das ILS-Anzeigegerät neben dem Höhenmesser liegt.

Die Mindesthöhe bis zum Erreichen des Gleitwegs ist 1900 ft. Bei diesem Anflug finden Sie keinen Outer marker. Dieses Funkfeuer wurde durch ein DME-Fix (SUNNE 5,9 DME von SJC) ersetzt.

    Höhe über dem Fix: 1900 ft
    Minimum: 242 ft

Sie sehen drei Bahnen vor sich, die mittlere ist 12R! Falls ein Missed approach notwendig ist, fliegt man geradeaus bis 1200 ft. Anschließend folgt eine Linkskurve zur SJC VOR. Dabei weitersteigen auf 1900 ft. Nach Erreichen der VOR nach SUNNE in das dort veröffentlichte Holding einfliegen.

Dazu kann man beispielsweise einen Tear drop entry fliegen (s. a. Kapitel 9, Holdings).

Die Koordinatenwerte, die Sie auf dem ILS – kurz vor dem Outer marker – absetzen, sind:

    North: 17236   East: 05144
    Altitude: 2000   Heading: 122

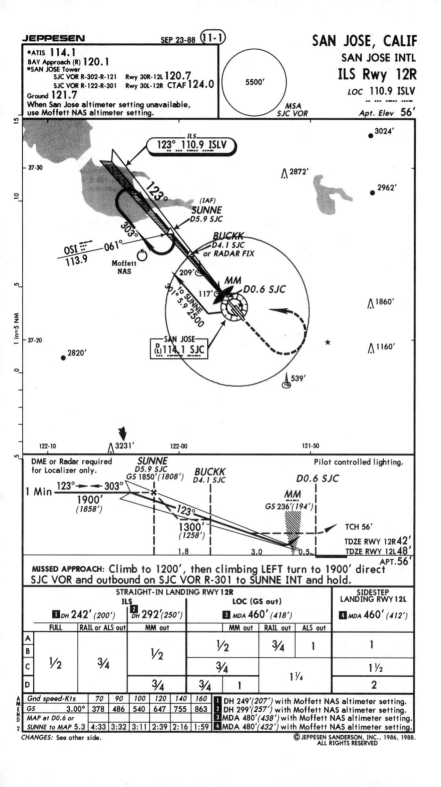

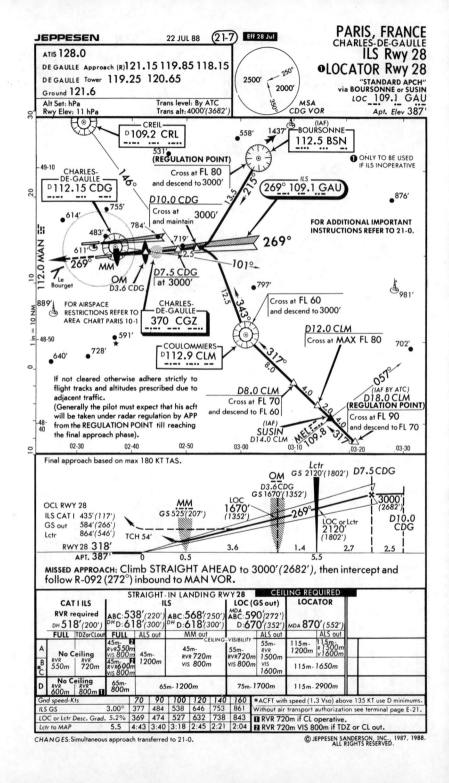

Beispiele von Anflügen 149

11.2 Paris Charles de Gaulle ILS 28

Die Koordinaten sind:

North: 17490
East: 14331
Altitude: 387

Setzen der Navigationsempfänger:

NAV 1: ILS 109,1 Kurs 269
NAV 2: VOR 112,9 Kurs 343
anschließend VOR 112,0, Kurs 269

Die Mindesthöhe bis zum Erreichen des Gleitwegs ist 3000 ft.

Höhe über dem OM: 1670 ft
Minimum: 518 ft

Achtung: Wir landen auf der linken Bahn!
Der Standardanflug beginnt bei CLM. Man folgt dem angegebenen Kurs bis zum Erreichen des ILS und kurvt dann auf den Endanflugskurs von 269 ein.
Die Höhe von 3000 ft wird verlassen, sobald der Gleitweg erreicht ist. Wenn der Flug vorher stabil war, reicht es, die Motorleistung wie angegeben zu reduzieren.
Bei einem Missed approach fliegt man geradeaus und steigt dabei bis 3000 ft. Anschließend folgt man bei Erreichen dem Radial 092 (Steuerkurs 272 zur VOR) der MAN VOR. Dieses Funkfeuer ist nicht mehr auf der Karte dargestellt, man müßte also in diesem Fall die Flugkarte wechseln.
Die Koordinaten für den Anflug sind:

North: 17484
East: 14388
Altitude: 2000
Heading: 270

11.3 London Heathrow ILS 09L

Die Koordinaten sind:

>North: 18657
>East: 13660
>Altitude: 79

Setzen der Navigationsempfänger:

NAV 1: ILS 110,3 Kurs 095
NAV 2: VOR je nach Anflug von BNN, OCK oder Lambourne

Die Mindesthöhe bis zum Erreichen des Gleitwegs ist 2500 ft.

>Final Altitude: 1232 ft
>Minimum: 280 ft

Auch diesen Anflug kann man von verschiedenen Funkfeuern aus beginnen. Entsprechend sind die benötigten Funkfeuer zu setzen. All diese Intermediate approaches führen uns auf den Punkt 7,4 DME IAA. Hier hat also der ILS-Sender ein eigenes DME. Bei diesem Punkt wird die bisherige Flughöhe von 2500 ft verlassen, und es beginnt der Final approach.

Die erforderliche Höhe über dem Outer marker beträgt 1232 ft, das Minimum 280 ft.

Das Durchstartverfahren schreibt uns einen Steigflug geradeaus bis 3000 ft vor. Danach sagt uns ATC, wo es weiter mit uns hingeht. Dabei sollen wir die Geschwindigkeit von 185 kts nicht überschreiten – mit der Cessna kein Problem, beim Lear Jet sollte man rechtzeitig die Power herausziehen.

Die Koordinaten für den Anflug sind:

>North: 18666
>East: 13604
>Altitude: 2000
>Heading: 094

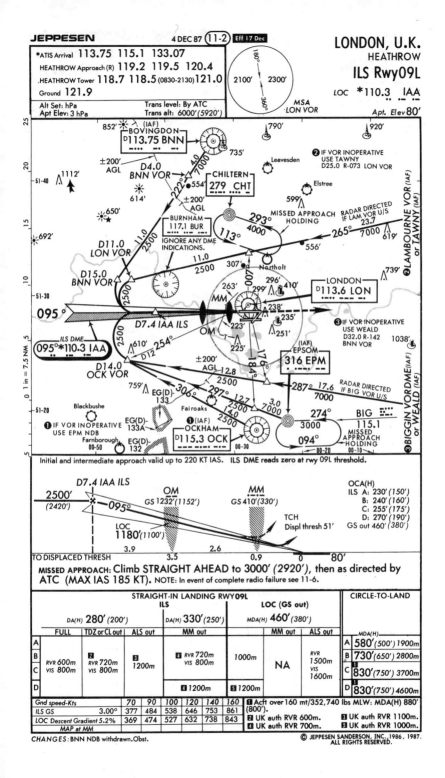

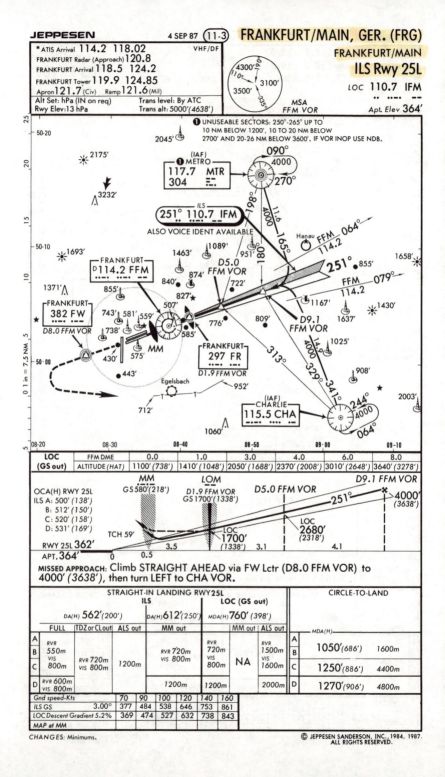

Beispiele von Anflügen 153

11.4 Frankfurt ILS 25L

Die Koordinaten sind:

>North: 17803
>East: 15997
>Altitude: 364

Setzen der Navigationsempfänger:

NAV 1: ILS 110,7 Kurs 251
NAV 2: VOR 115,5 Kurs 341, später FFM mit Kurs 251

Die Hauptanflug-Funkfeuer für das Landebahnsystem 25 in Frankfurt sind Metro und Charlie. Metro ist leider nicht einprogrammiert, so daß der Anflug in CHA beginnt. Von dort aus führt uns der Intermediate approach bis zum Erreichen des Gleitpfades in 4000 ft bei einer DME-Anzeige von 9,1 des FFM-VOR. Bei 5 DME haben wir nochmals die Gelegenheit, den Gleitpfad zu überprüfen. Die Flughöhe sollte dann 2680 betragen. Den Outer marker überqueren wir bei 1,9 DME in einer Höhe von 1700 ft. Das veröffentlichte Minimum beträgt 562 ft.

Bei einem Missed approach steigen wir geradeaus auf 4000 ft und überfliegen dabei FW, was aber im Programm leider nicht einprogrammiert wurde. Anschließend fliegen wir mit einer Linkskurve nach CHA VOR.

Nun die Koordinaten für den Anflug:

>North: 17818
>East: 16042
>Altitude: 2000
>Heading: 250

11.5 Nürnberg VOR DME 10

Die Koordinaten sind:

> North: 17586
> East: 16691
> Altitude: 1046 ≙ 318,815 m

Setzen der Navigationsempfänger:

NAV 1: VOR 117,4 Kurs 318 oder 246, später Kurs 099
NAV 2: VOR ERL (114,9) oder ALB (111,2), je nach Anflug

Auch hier kann man den Anflug wieder von zwei Funkfeuern aus starten, von ERL 114,9 oder von ALB 111,2. Die Radiale 255 bzw. 311 bringen uns bis zum Einschwenkpunkt, der durch das NUB VOR (R 318 bzw. R 246) definiert wird. Nach Passieren dieses Punktes setzt man NAV 1 auf den Endanflugkurs. Offiziell ist dieser zwar 099, jedoch ist hier dem Programmierer ein kleiner Fehler unterlaufen, und die Position der VOR oder des Platzes wurde falsch einprogrammiert, so daß das Radial 104 uns eher zum Platz bringt. Unsere Höhe auf dem imaginären Gleitpfad kann bei 7,5 DME und 5,3 DME überprüft werden. Diese DME-Angaben beziehen sich aber auf NBG, welches wieder nicht einprogrammiert ist. Man kann sich aber anhand der Karte die Distanzen bezogen auf NUB errechnen. Bei zwei DME sollten wir das Minimum von 1530 erreicht haben und die Landebahn vor uns sehen, ansonsten ist ein Missed approach fällig, der uns geradeaus auf 3000 ft und dann linksherum nach ERL in 5000 ft führt.

Hier die Werte, die Sie ca. 2 NM vor NUB absetzen:

> North: 17596
> East: 16602
> Altitude: 4200
> Heading: 100

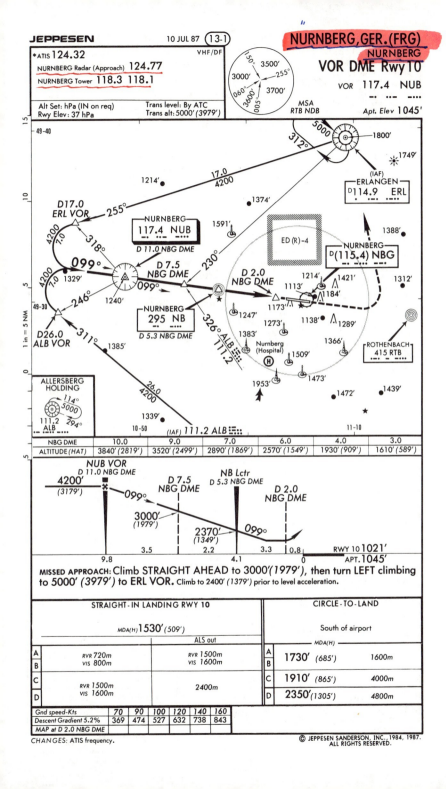

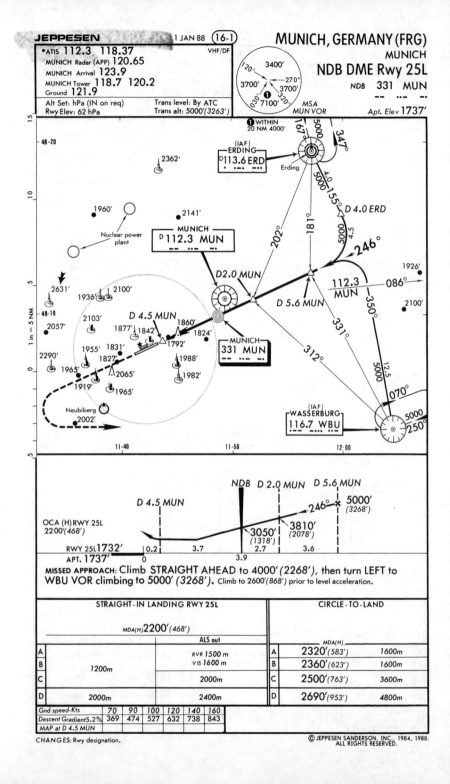

Beispiele von Anflügen

11.6 München NDB DME 25L

Die Koordinaten sind: North: 17016
East: 16876
Altitude: 1738

Setzen der Navigationsempfänger:

NAV 1: VOR 112,3 Kurs 246
NAV 2: VOR 112,3 Kurs 260

Für München sind außer den ILS-Anflügen nur NDB-Approaches veröffentlicht. Leider sind im Simulationsprogramm weder das eine noch das andere einprogrammiert. Um Sie dennoch in München landen zu lassen, stricken wir uns selbst einen Anflug nach dem Muster des NDB-DME-Anflugs. Den Intermediate approach fliegen wir wie veröffentlicht, aber anstatt des NDBs MUN benutzen wir das VOR MUN und folgen dem Kurs 246. Unsere Flughöhen sollten – wie im NDB-Approach angegeben – eingehalten werden. Wir wollen das VOR in 3500 ft überfliegen und dann auf den Endanflugskurs von 260 Grad eindrehen. Alten Hasen fällt jetzt der Bock auf, den der Programmierer geschossen hat! MUN VOR steht im Programm südlich der Anflugslinie, in Wahrheit aber nördlich. Machen wir trotzdem weiter. Bei 4,5 DME von MUN Outbound sollten wir das Minimum 2200 ft erreicht haben und die Landebahn sehen. Wenn nicht, leiten wir den Missed approach ein.

Achtung: Bitte Neubiberg (etwas weiter links voraus) nicht mit München-Riem verwechseln, Sie wären nicht der erste!

Diesen selbstgestrickten Anflug dürfte man natürlich in der Realität nicht so abfliegen, aber in dieser Navigationsnotlage bringt er uns immerhin nach München.

Die Koordinaten für den Anflug sind:

North: 17032 Altitude: 5000
East: 16932 Heading: 246

11.7 Stuttgart NDB DME 26

Die Koordinaten sind:

>North: 17241
>East: 16176
>Altitude: 1299

Setzen der Navigationsempfänger:

>NAV 1:   VOR 112,5   Kurs 075
>NAV 2:   beliebig

Der Navigationsnotstand in München gilt in noch größerem Maße für Stuttgart. Hier wurde nur Tango VOR einprogrammiert. Das zum Anflug notwendige ILS bzw. NDB wurde nicht eingegeben. Wir versuchen deshalb eine andere Art von IFR zu betreiben. IFR heißt ja normalerweise Instrument-Flight-Rules, also Instrumentenflugregeln. Wir wandeln dies ab in «I follow road». Wir folgen zuerst dem Instrumentenflugverfahren von Tango aus auf dem Radial 075 bis ca. 3 DME. Dann machen wir eine Linkskurve auf 350 Grad und beginnen den Sinkflug. Wir sollten nun die Autobahn erkennen können (es ist die A 8 von Karlsruhe nach München). Wir folgen einfach dieser Autobahn, denn sie führt genau am Flugplatz vorbei, und sinken kontinuierlich mit ca. 500 ft/min auf die Platzrundenhöhe von 2300 ft. Mit den Tasten <Scroll Lock> und den Richtungstasten im Zehnerblock kann man sich einen guten Blick nach vorn links verschaffen. Haben wir die Landebahn in Sicht, versuchen wir auf die Landebahnachse zu kommen und den Sinkflug nach Sicht in den Griff zu bekommen. Zum Üben hier die Koordinaten für einen stabilen Sinkflug aus der Platzrundenhöhe heraus:

>North: 17245   Altitude: 2300
>East: 16194   Heading: 256

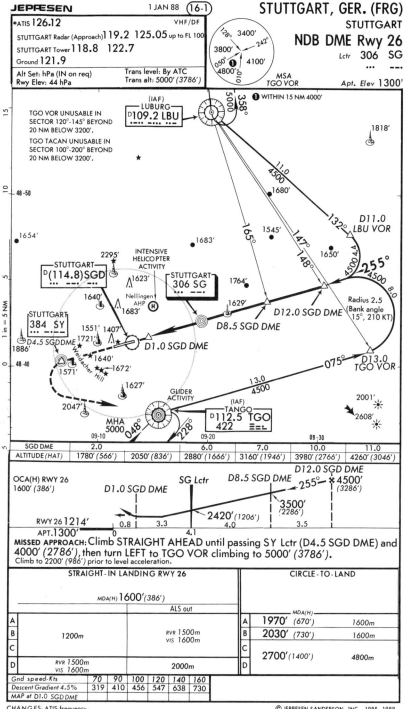

160

12
Simulationskontrollen

Ergänzungen zu FS IV Seite 222-240

Der FS III hat – verglichen mit seinem Vorgänger FS II – eine zunächst unüberschaubare Vielzahl von Möglichkeiten, die Simulation zu beeinflussen und zu beobachten. Wie heute üblich, sind diese in Rolladenmenüs und Fenstern zu finden. Alle Menüs können mit Tastatur oder Maus bedient werden. Um Ihnen das Auffinden bestimmter Menüpunkte zu erleichtern, befindet sich im Anhang eine Stichwortliste. Die folgende Beschreibung der Menüs ist genau nach den Nummern gegliedert, wie sie auch von den Menüs bzw. Untermenüs benutzt werden. Lediglich die Kapitelnummer (12) müssen Sie weglassen. Um also z. B. die Option 12.1.5.2 (Formationsfliegen) zu wählen, muß nacheinander <1> <5> <2> gedrückt werden.

Fünf Hauptmenüs ermöglichen Eingriffe in die Simulation:

1. Modus-Menü – Mode-Menü
2. Sicht-Menü – Views-Menü
3. Umwelt-Menü – Enviro-Menü
4. Sim-Menü – Sim-Menü
5. NAV/KOM-Menü – NAV/COM-Menü

Diese Menüs werden entweder durch Anklicken der entsprechenden Ziffer mit der Maus oder durch Eintippen der Zahl aktiviert. Sollte die Leiste nicht sichtbar sein – <ESC> drücken, diese Taste schaltet die Menüleiste jeweils ein und aus.

Von den verschiedenen Menüs und Untermenüs kommen Sie entweder mit <ESC> (schrittweise) oder mit <LEERTASTE> (direkt) zurück. Wenn ein Menü aktiviert ist, geht die Simulation sofort in den Zustand «Pause»; werden die Menüs verlassen, nimmt das Programm die Simulation meistens wieder auf. Nur in wenigen Fällen bleibt es im Zustand «Pause»; in diesem Fall <P> drücken, und schon fliegen Sie wieder.

In diesem Buch haben wir sowohl die deutsche als auch die englische Benutzerführung berücksichtigt, die entsprechenden Schlüsselwörter stehen immer unter- bzw. hintereinander.

12.1 Modus-Menü – Mode-Menü

Dieses Menü enthält Betriebsarten, Flugzeugtyp, Flugschreiber und EFIS/CFPD-Darstellung. Die folgende Übersicht zeigt die einzelnen Punkte dieses Menüs. Die Optionen 1 bis 6 sind alternativ, die anderen können bei Bedarf zu- und weggeschaltet werden.

Menüpunkt		Zweck
1	Normalflug Normal Flight	Wie gewohnt herumfliegen, dabei die Umgebung beobachten und Navigationshilfen benutzen.
2	Fluganalyse Flight Analysis	Hier können Sie Ihren Flug nachträglich analysieren. In einem Untermenü müssen Sie entscheiden, ob Sie die Landung analysieren, Ihren Kurs verfolgen oder Flugmanöver betrachten wollen.
3	Fluganweisungen Flight Instruction	In einem Untermenü wählen Sie zwischen einfachen und schwierigen Manövern, die Ihnen vorgeflogen werden und die Sie dann nachfliegen sollen. Texte, die (zu) kurz eingeblendet werden, geben Ihnen Hinweise, was Sie falsch machen oder was Ihre nächste Aufgabe ist.
4	Bordbuchüberblick Review Logbook	Mit dieser Funktion können Sie Ihr Flugbuch ansehen und bearbeiten.
5	Unterhaltung Entertainment	Wählen Sie zwischen unterhaltsamen Varianten der Flugsimulation. Sie können mit zwei Flugzeugen fliegen. Dazu brauchen Sie zwei über die serielle Schnittstelle ver-

		bundene Computer, oder Sie machen einen Formationsflug mit einem automatisch gesteuerten Flugzeug.
6	Demonstration Demo	Sie können eine gespeicherte Demo ablaufen lassen oder eine eigene Demo aufzeichnen.
7	Ende Quit	Beenden des Flugsimulators und Rückkehr in das Betriebssystem.
A	Flugzeug Plane	Wählen Sie zwischen Cessna, Lear Jet und einem Doppeldecker.
B	Modus Mode	Wählen Sie eine der abgespeicherten Ausgangssituationen (Modes).
C	Neustart Reset	Bringt alle Daten wieder in den Ausgangszustand.
D	Modus einstellen Create Mode	Erzeugen Sie Ihren eigenen Ausgangszustand und speichern ihn dauerhaft.
E	Flugzeugbibliothek Aircraft Library	Die technischen Daten der einzelnen Flugzeuge.
F	Modus-Bibliothek Mode Library	Verzeichnis der verfügbaren Ausgangssituationen.
G	Sofortwiederholung Instant Replay	Wiederholung der letzten Minuten des Fluges.
H	Demo-Aufzeichnung Demo Recorder	Beispiele aufzeichnen und wiedergeben.
I	EFIS/CFPD	Stellt den optimalen Gleitpfad auf dem Bildschirm dar.

12.1.1 Normalflug – Normal Flight

Eine Option, die keiner weiteren Erklärung bedarf. Da die Optionen 1 bis 6 alternativ gewählt werden, dient sie gewissermaßen dazu, die Optionen 2 bis 6 abzuschalten.

12.1.2 Fluganalyse – Flight Analysis

Dieses Instrument dient dazu, Ihre Flugmanöver nachträglich zu prüfen und so den Umgang mit dem Simulator zu verbessern. In einem Untermenü wählen Sie zwischen:

12.1.2.1 Landeanalyse – Landing Analysis

Trainieren Sie Landeanflüge! Wenn Option 1 gewählt ist, zeichnet das System Ihren Landeanflug von dem Moment an auf, zu dem das Flugzeug noch 100 Fuß hoch ist. Sobald die Maschine zum Stehen kommt, erscheint ein Graph, der die Fallgeschwindigkeit, den Weg zur Landebahn und, wenn eingetreten, den Moment der Überziehwarnung anzeigt.
Diese Funktion sollten Sie nur wählen, wenn Sie mindestens 100 Fuß über der Landebahn sind.

12.1.2.2 Kursplotting – Course Plotting

Auch hier wird der Kurs des Flugzeuges aufgezeichnet, dann aber nicht in einer Grafik, sondern dreidimensional im tatsächlichen Luftraum wiedergegeben. Um zunächst den Kurs aufzuzeichnen, gehen Sie wie folgt vor:

1. Fluganalyse (Flight Analysis) im Mode-Menü wählen.
2. Kursplotting (Course Plotting) im Mode-Menü wählen.
3. Option 1 (Aufzeichnung, Recording) muß auf "EIN" gesetzt werden, die Aufzeichnung startet.

4. Abhängig von der Dauer der Aufzeichnung wählen Sie mit Auflösung (Option) zwischen grob (coarse) bis fein (fine). Die Speichergröße ist begrenzt; wenn der Speicher voll ist, wird der Anfang wieder überschrieben, so können Sie beliebig lange aufzeichnen, sehen aber immer nur die letzte Phase des Fluges.
5. Um den Speicher zu löschen, wählen Sie Option 5.

Und so geben Sie die Daten wieder:
Wählen Sie Option 3 Anzeige (Display) im Kursplotting-Menü und schalten diese Funktion an. Die Flugbahn wird in hellroten Strichen dargestellt. Leider ist der Speicherbereich für diese Daten recht klein, was zur Folge hat, daß immer nur der letzte Teil des Fluges dargestellt wird.

12.1.2.3 Manöveranalyse – Maneuver Analysis

Diese Funktion kann jederzeit ein- und ausgeschaltet werden. Die Aufzeichnung beginnt nach Aufruf des entsprechenden Menüpunktes, beendet wird sie durch die Taste <#>. Daraufhin erscheint eine Grafik, auf der zu sehen ist, welchen Weg das Flugzeug über Grund zurückgelegt hat. Mit dieser Funktion kann man Manöver wie z. B. Procedure turn oder Holdings gut üben. Durch Drücken von <ESC> beenden Sie die Anzeige und fliegen weiter.

12.1.3 Fluganweisungen – Flight Instruction

Hier können Sie eine Vielzahl von Übungen absolvieren, die Ihren Umgang mit dem Flugzeug perfektionieren.

12.1.4 Bordbuchüberblick – Review Logbook

Es erscheint ein weiteres Untermenü mit 2 Optionen:

12.1.4.1 Bordbuch bearbeiten – Edit Logbook

Piloten führen ein Flugbuch, in dem sie Flugzeugtyp, Kennzeichen, Flugdauer bei Tag, Nacht, Instrumenten- oder Sichtflug notieren. Das Programm unterstützt Flugbücher für beliebig viele Piloten, <u>sie werden unter ihrem Namen als ASCII-Datei gespeichert und können daher mit Textverarbeitungsprogrammen editiert und gedruckt werden.</u>

12.1.4.2 Bordbuch verwenden – Logbook Activation

Der Flugsimulator III setzt die Zeit automatisch aus der Borduhr und das Datum aus dem Systemdatum ein. Außerdem registriert er Tag- (DAY), Nacht- (NGT) und Instrumentenflugstunden (INST). Vorausgesetzt, das Logbook ist aktiviert (AN).

12.1.5 Unterhaltung – Entertainment

Ein weiteres Untermenü mit 5 Optionen erscheint:

12.1.5.1 Zwei Spieler – Multi Player

Außer der eigenen Maschine kann ein weiteres Flugzeug dargestellt werden. Dazu müssen zwei Rechner, auf denen der Flugsimulator läuft, über die serielle Schnittstelle verbunden werden. Über das Kabel oder dazwischen geschaltete Modems tauschen die Rechner dann die Daten des jeweils anderen Flugzeuges aus. Diese Option ist gut für Lehrer/Schüler-Betrieb geeignet; versuchen Sie, exakt Ihrem Lehrer zu folgen.

Bild 12.1 zeigt die Schaltung eines sogenannten Null-Modem-Kabels.

168 Simulationskontrollen

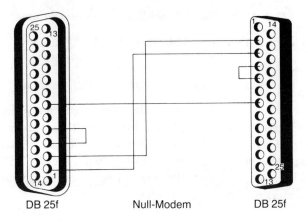

DB 25f   Null-Modem   DB 25f

Bild 12.1   Null-Modem

Damit Sie das andere Flugzeug nicht erst lange suchen müssen, starten Sie am besten nacheinander vom gleichen Flugplatz. Unter dem Menü «Zwei Spieler» erscheint ein weiteres mit 10 Optionen, die nachfolgend beschrieben werden.

12.1.5.1.1 ON-LINE

Mit dieser Option beginnt der Flugsimulator die Datenübermittlung, er sendet die aktuellen Daten (Position, Geschwindigkeit, Richtung und Lage) des eigenen Flugzeuges und versucht, Daten des anderen zu empfangen.

12.1.5.1.2 Flugzeug senden – Send Aircraft

Die Daten über das Aussehen des Flugzeuges werden übermittelt; wählen Sie diese Option nur, wenn Sie Flugzeugtyp oder -farbe ändern. Bei dieser Funktion werden relativ viele Daten übermittelt, daher kann es eine ganze Weile (ca. 1 Minute bei 300 Baud) dauern, insbesondere wenn die Daten über ein langsames Modem gesendet werden.

Modus-Menü – Mode-Menü

12.1.5.1.3 Nachrichten/Gespräche – Messages/Talk to Modem

Wenn Sie mit Ihrem Partner über Modem verbunden sind, kann es notwendig sein, Informationen auszutauschen. Wählen Sie die Option 3, und ein Mitteilungsfenster erscheint. Geben Sie Ihre Mitteilung ein, die ganze Tastatur steht zur Verfügung. Um die Mitteilung abzusenden, drücken Sie <Enter>. Wollen Sie die Tastatur wieder zum Fliegen benutzen, drücken Sie 2mal schnell hintereinander <ESC>. Die Taste <0> (Ziffernreihe) bringt wieder das Mitteilungsfenster auf den Bildschirm. Sie können auch Meldungen empfangen, wenn das Mitteilungsfenster nicht auf dem Bildschirm ist, in diesem Fall wird es automatisch eingeblendet.

12.1.5.1.4 Wählen – Dial

Diese Funktion ist für Hayes-kompatible Modems verfügbar. Wenn die Modemparameter Baudrate und Port eingestellt sind, können Sie die Telefonnummer des anderen Piloten eingeben, das Modem wählt dann für Sie und stellt so die Verbindung her. Sobald die Leitung steht, erscheint die Meldung «Connect». Jetzt muß «ON-LINE» eingeschaltet werden.

12.1.5.1.5 Auf Läuten warten – Wait for Ring

Diese Option wählt der anzurufende Teilnehmer, wenn er ein Hayes-kompatibles Modem benutzt. Das Modem hebt ab und nimmt damit den Anruf an. Auch hier müssen Sie jetzt «ON-LINE» aktivieren, damit der Datentausch beginnt.

12.1.5.1.6 Farbe ändern – Switch Airplane Color

Wenn Sie wollen, können Sie hier das Flugzeug Ihres Mitspielers mit einer anderen Farbe lackieren, die neue Farbe wird aber nicht sofort via Modem an Ihren Mitspieler übermittelt, sondern erst, wenn Sie die Option «Flugzeug senden» aktivieren.

12.1.5.1.7 Autopilot mit anderem Flugzeug gekoppelt – Autopilot – Lock to other Plane

Dies ist eine Hilfe, um das andere Flugzeug zu finden: Ohne diese Hilfe kann es schwierig sein, weil die Flugzeuge relativ klein sind und ihre Geschwindigkeit recht hoch ist. Der Autopilot nimmt Kurs auf das andere Flugzeug und versucht, auch auf gleiche Flughöhe zu kommen. Sobald das andere Flugzeug erreicht ist, fliegt der Autopilot eine 360-Grad-Kurve, und das Spiel wiederholt sich. Achtung: Logischerweise sollte diese Option immer nur bei einem Flugzeug eingeschaltet sein.

12.1.5.1.8 Zwei Spieler beenden – Quit Multi Player

Mit dieser Funktion beenden Sie das Fliegen mit zwei Piloten.

12.1.5.1.A Kom-Anschluß – COM-Port

Wählen Sie, über welchen seriellen Port die Daten zwischen den Rechnern ausgetauscht werden. Möglich sind COM 1 bis COM 4.

12.1.5.1.B Baudrate – Baud-Rate

Hier ändern Sie die Datenübertragungsgeschwindigkeit; durch Druck auf <A> erscheinen die Norm-Baudraten von 300 bis 57600 Baud. Auf beiden Computern muß dieselbe Baudrate eingestellt werden, außerdem muß sie zum Modem passen.

Wenn Sie ein Null-Modem-Kabel verwenden, versuchen Sie es am Besten mit 9600 oder 19200 Baud.

12.1.5.2 Formationsfliegen – Flying in Formation

Ihre Aufgabe ist es, einem anderen Flugzeug zu folgen; die

Aufgabe ist nicht leicht und setzt viel Erfahrung mit dem Simulator voraus. Bei einigen Manövern wird schon im Menü gewarnt, daß Sie einen leistungsfähigen Rechner brauchen, der das Display oft aktualisiert, sonst haben Sie keine Chance. 7 Aufgaben werden angeboten, bei einer werden künstliche Hindernisse erzeugt, die um- bzw. durchflogen werden müssen. Andere Aufgaben führen zur Golden Gate Bridge, die unterflogen wird, oder zu den Wolkenkratzern in Manhattan, die Sie nicht berühren dürfen.

12.1.5.3 Sprühfliegen – Crop Duster

Bei diesem Spiel ist es Ihre Aufgabe, ein Feld mit möglichst wenig Pflanzenschutzmittel gleichmäßig einzusprühen. Die Sprühdüsen des Flugzeuges schalten Sie mit der Taste <i> abwechselnd ein und aus. An der Anzeige unter dem Wort «Rauch» sehen Sie, ob das System arbeitet. Nach der Landung erhalten Sie eine abschließende Bewertung.

12.1.5.4 EFIS/CFPD

Dieses Feature wird im Abschnitt 12.1.I besprochen.

12.1.5.5 1. Weltkrieg Fliegeras – World War 1

Luftkampf, eine genaue Beschreibung finden Sie in Abschnitt 13.1.

12.1.6 Demonstration – Demo

Hier starten Sie eine selbständig ablaufende Demonstration; sie zeigt die wichtigsten Eigenschaften und Möglichkeiten des Flugsimulators und beeindruckende, fast wie im Film ablaufende Szenen, z. B. wird die Golden Gate Bridge unterflogen.

12.1.7 Ende – Quit

Beenden des Flugsimulators; endlich sind die Zeiten vorbei, wo man Programme nur durch Abschalten des Rechners verlassen konnte.

12.1.A Flugzeug – Plane

Das Programm hat die wichtigsten Flugzeugdaten gespeichert. Dazu gehören:

- ☐ Angaben über Steigleistung, Flugverhalten, Gleitwinkel bei verschiedenen Klappenstellungen mit eingezogenem und ausgefahrenem Fahrwerk,
- ☐ Gestaltung des Instrumentenbrettes,
- ☐ äußeres Aussehen des Flugzeuges,
- ☐ Bedienungselemente am Instrumentenbrett.

Auswahl eines Flugzeuges:

- ☐ Wählen Sie Funktion B.
- ☐ Option A zeigt Ihnen den derzeitigen Flugzeugtyp.
- ☐ Wenn Sie weiter Option A wählen, erscheinen die verfügbaren Flugzeugtypen nacheinander.
- ☐ Wenn Sie das Menü mit <ESC> verlassen, werden die Daten des angezeigten Flugzeuges von der Platte geladen.

12.1.B Modus – Mode (Ausgangszustand wählen)

Ein Modus (Mode) ist die Sammlung von Daten, die bestimmt, wo sich das Flugzeug befindet, und wie verschiedene Parameter eingestellt sind.

Hier werden erheblich mehr Daten gespeichert als bei der Vorgängerversion. Dazu gehören:

- ☐ Position, Richtung, Höhe und Geschwindigkeit des Flugzeuges,

- ☐ Jahres- und Tageszeit,
- ☐ Einstellung der Steuerorgane (Ruder, Gas, Klappen,...),
- ☐ Flugzeugtyp,
- ☐ Wetterdaten (Wind und Wolken),
- ☐ Einstellung der Radios (NAV, COM, ADF),
- ☐ Zuverlässigkeit und Naturtreue,
- ☐ Tastatur, Maus- und Joystick-Empfindlichkeit.

Die Zahl der Modes ist nur durch die Größe der Platte begrenzt, denn sie werden beim FS III als DOS-Datei gespeichert.

12.1.C Neustart – Reset

Mit der Option C kommen Sie immer wieder auf den Ausgangspunkt des gewählten Modes zurück. Auf manchen Computern geht es einfacher mit der Taste <PRINT SCREEN>.

12.1.D Modus erstellen – Create Mode

Eigene Modes zu speichern ist einfach, und die Anzahl ist nicht begrenzt. Jetzt werden auch die Einstellungen der Radios und andere wichtige Informationen gespeichert, leider jedoch nicht die Information, welche Landschaftsdaten geladen sind. Sie müssen also zusätzlich die entsprechende Landschaft laden, sonst befindet sich Ihr Flugzeug in der falschen Umgebung bzw. im Niemandsland. So gehen Sie im einzelnen vor:

- ☐ An der gewünschten Position drücken Sie <P> (Pause).
- ☐ Im Mode-Menü wählen Sie Option <D> und dann <1>.
- ☐ Geben Sie einen Text ein, der den Mode beschreibt; dazu stehen 30 Zeichen zur Verfügung.
- ☐ Beenden Sie die Eingabe mit <Enter>.
- ☐ Die ersten Buchstaben der Beschreibung werden als Dateinamen vorgeschlagen; Sie können <2> drücken, um sie zu ändern.

- Mit Taste <3> werden die Daten auf Platte gespeichert.
- Drücken Sie <ESC> zur Rückkehr.

Voraussetzung zum Speichern des Modes ist natürlich, daß auf der Platte noch Platz ist und daß sie nicht schreibgeschützt ist.

Übersicht der Ausgangszustände

- Im Mode-Menü Option F wählen.
- Punkte 1 bis 6 zeigen einen Teil der Modes.
- Mit Option 7 können, wenn vorhanden, weitere Modes unter Punkt 1 bis 6 angezeigt werden.
- Option 8 zeigt die genauen Daten des gewählten Modes.
- Mit 9 wird der angewählte Mode gelöscht, mit A umbenannt.
- Mit <ESC> verlassen Sie das Menü.

In einem anderen Menü können Sie die Empfindlichkeit von Tastatur, Maus und – besonders wichtig – Joystick einstellen. Diese Daten werden überschrieben, wenn Sie einen neuen Mode laden. Sie können das jedoch verhindern, indem Sie im Mode-Menü die Option B wählen. Wenn diese Funktion aus ist (kein (+)-Zeichen), dann werden die Parameter für Empfindlichkeit von Tastatur, Maus und Joystick nicht überschrieben.

12.1.E Flugzeugbibliothek – Aircraft Library

Wenn Sie mehr Einzelheiten über die Flugzeuge wissen wollen, gehen Sie wie folgt vor:

- Wählen Sie Funktion E.
- Optionen 1 bis 5 zeigen die verfügbaren Flugzeuge; Option 6 zeigt weitere Flugzeuge, wenn vorhanden.
- Punkt 7 gibt ein Datenblatt mit den genauen Werten und einem Bild des Flugzeuges aus.
- Mit <ESC> verlassen Sie das Menü.

12.1.F Modusbibliothek – Mode Library

Unter dieser Option erscheint ein weiteres Menü mit 13 Punkten. Die Funktionen im einzelnen:

12.1.F.1 bis 12.1.F.6: Verschiedene Modes

Hier sehen Sie 6 Modes, die Sie mit der entsprechenden Ziffer anwählen können. Der ausgewählte Mode wird durch ein «+» gekennzeichnet.

12.1.F.7 Weitere Modes – See More Modes
(Weitere Modes zeigen)

Jeder Tastendruck auf <7> bringt weitere 6 Modes auf den Bildschirm.

12.1.F.8 Modusbericht – Selected Mode Report

Es folgt eine Übersicht, welche Daten in einem Mode gespeichert werden, eingeben können Sie hier nichts.

12.1.F.9 Modus löschen – Delete Selected Mode

Löschen des angewählten Modes. Achtung: Es folgt keine weitere Abfrage, ob wirklich gelöscht werden soll!

12.1.F.A Modusnamen ändern – Change Selected Mode Name

Hier kann sowohl der DOS-Dateiname als auch die Kurzbeschreibung eines Modes geändert werden.

12.1.F.B Empfindlichkeit der Steuerorgane – Use Mode Control Sensitives

Mit einem Mode werden auch immer die Einstellungen für Empfindlichkeit von Joystick, Maus und Tastatur gespeichert. Wenn Sie fremde Modes laden, kann es wünschenswert sein, daß Ihre persönliche Justage, die ja auch immer von der verwendeten Hardware abhängt, nicht überschrieben wird. Ist hier ein «+», dann bleibt Ihre Einstellung erhalten.

12.1.F.C Version-2-Modusdatei von A: laden Load Version 2 Mode File from A:

Sogar Ihre alten Modes vom FS II können Sie übernehmen! So wird's gemacht:

- ☐ Floppy disk mit User modes in Laufwerk A:
- ☐ Wählen Sie Option C im Mode-Menü: Alle 20 Modes werden von der Diskette gelesen und auf der Festplatte als Files «OLD10» bis «OLD29» abgelegt. Wichtig ist, daß der Flugsimulator von der Festplatte gestartet wurde.
- ☐ Mit Option A können Sie die Modes jetzt umbenennen.

12.1.F.D Startmodus auf Diskette speichern Save Startup Mode to Disk

Normalerweise befinden Sie sich nach dem Laden des Flugsimulators immer auf Meigs Airfield in der Nähe von Chicago, doch das können Sie ändern:

- ☐ Wählen Sie den gewünschten Mode im Mode Library.
- ☐ Option D im Mode-Menü macht den gewünschten Mode zum Startup-Mode. Leider haben wir noch keine Möglichkeit gefunden, auch gleich die richtige Landschaft mitzuladen. Auch wenn 12.5.2.A bei der amerikanischen Version auf diese Funktion deutet, wir hatten bisher keinen Erfolg.

12.1.G Sofortwiederholung

Der Flugsimulator kann Flüge aufzeichnen und beliebig oft wiedergeben. Sie können eine eigene Bibliothek mit Beispielen aufbauen. Das Programm wird mit einem Demonstrationsflug geliefert, der die wichtigsten Eigenschaften des FS III zeigt. Eine andere Möglichkeit wird als Instant Replay bezeichnet, hier wird der letzte Augenblick Ihres Fluges wiederholt. So gehen Sie im einzelnen vor:

☐ Mit Taste P auf Pause schalten.

☐ Im Mode-Menü Option G (Instant Replay) wählen, das Programm teilt Ihnen mit, wie viele Sekunden wiederholt werden.

☐ Sind Sie mit der angezeigten Länge einverstanden, drücken Sie <ESC>, und die Szene wird wiederholt. Sind Sie mit der Länge nicht einverstanden, wählen Sie Option 1 und geben dann die Länge der Wiederholung in Sekunden ein.

☐ Mit Menü Option 2 wird die Wiederholung kontinuierlich so lange wiederholt, bis die Schleife mit <ESC> unterbrochen wird.

☐ Über Option 3 läßt sich die Geschwindigkeit der Wiederholung zwischen 20 % (langsam) und 255 % (schnell) einstellen – ein ziemlicher Unsinn, denn wenn man die Zeit manipuliert, passen viele Daten nicht mehr zusammen.

☐ Um wieder in den normalen Flugmodus zurückzukehren, drücken Sie <ESC> und die Pause-Taste.

12.1.H Demo-Aufzeichnung – Demo-Recorder

Wie oben erwähnt, können Sie auch eigene Demo-Flüge produzieren. Das System zeichnet zunächst den Ausgangszustand des Flugzeuges auf und speichert dann alle Tastendrücke. Diese Sequenz ist beliebig oft wiederholbar. Leider werden nur Eingaben der Tastatur aufgezeichnet. Joystick und Maus bleiben nicht nur unberücksichtigt, wie im Handbuch beschrieben, sondern verhindern sogar das Aufzeichnen eines Demo-Fluges. Also den Flugsimulator unbedingt ohne Maus starten!

Um Ihre eigene Demo zu produzieren, gehen Sie wie folgt vor:

- ☐ Bringen Sie das Flugzeug an die Position, wo Ihre Demo beginnen soll, und stellen Sie Wind und Wetter ein.
- ☐ Wählen Sie Option 7 aus dem Menü «Demo-Aufzeichnung», die Aufzeichnung kann beginnen.
- ☐ Sobald <ESC> oder <Leertaste> gedrückt wurde, werden alle folgenden Tastatureingaben aufgezeichnet.
- ☐ Um die Aufzeichnung zu beenden, wählen Sie im Menü «Demo-Recorder» Option 8.

Der Demonstrationsflug ist nun aufgezeichnet; Sie werden gefragt, ob Sie ihn überprüfen wollen. Antworten Sie J (Ja) oder N (Nein). Dann können Sie entscheiden, ob er auf Diskette gespeichert werden soll; wenn Ja, unter welchem (DOS)-Namen?

Demo-Flüge wiedergeben

- ☐ Im Mode-Menü Option H wählen.
- ☐ Optionen 1 bis 5 zeigen die momentan verfügbaren Beispiele. Wenn vorhanden, können mit Option 6 weitere Beispiele aufgerufen werden.
- ☐ Wählen Sie eine Demo von Option 1 bis 5.
- ☐ Verlassen Sie das Menü mit <ESC>, und die Demo beginnt.

Weitere Optionen des Menüs Demo

- ☐ Option 9 löscht einen Demo-Flug.
- ☐ Option A dient zum Umbenennen (rename).
- ☐ Option B bewirkt, daß die Demo nach ihrem Ende wieder von neuem beginnt; ist diese Option abgeschaltet, erscheint «Demo beendet» auf der Anzeige, und die Simulation geht in

Modus-Menü – Mode-Menü 179

den Zustand Pause. Mit der Taste P kann dann normal weitergeflogen werden.

☐ Option C ermöglicht es, eine eigene Demo direkt auszuführen, wenn der Flugsimulator gestartet wird. Wählen Sie dazu einfach die Demo, die Sie zur Startup-Demo machen wollen, und wählen dann die Option C. Leider wird hier die entsprechende Landschaft nicht mitgeladen, so daß diese Option eigentlich nur mit der Standardlandschaft sinnvoll ist.

12.1.1 EFIS/CFPD-Anzeige

Hier wird ein Blick in die Zukunft der modernen Verkehrsfliegerei getan. Diese Funktion ist aber zugleich auch ein gutes Hilfsmittel, damit der unerfahrene Flieger einen Instrumentenanflug bewältigt. EFIS steht für Electronic Flight Instrument System. Dieses System stellt alle Informationen, die in einem Flugzeug anfallen – von den Triebwerksdaten bis zum Kabinenklima – auf Bildschirmen dar, die sich direkt im Blickfeld des Piloten befinden. Dadurch werden die großen Instrumentenpanels mit unzähligen Lampen und Schaltern über den Köpfen der Piloten überflüssig. EFIS wird vom Flugsimulator (noch) nicht dargestellt. Warum es schon in das Menü aufgenommen wurde, bleibt unklar, Sie können jedoch das CFPD anwählen. Das Kürzel steht für Command Flight Path Display. Dieses System projiziert eine Kette von Toren auf das Cockpitfenster. Die hintereinanderliegenden Tore stellen praktisch eine Straße am Himmel dar; sie werden vom System anhand von Daten des Instrumentenlandesystems berechnet und projiziert. Das ist auch der Grund, weshalb das CFPD nur funktioniert, wenn Sie sich auf einem ILS-Anflug befinden und den richtigen Landekurssender eingestellt haben.

12.2 Sicht-Menü – Views-Menü

Der FS III bietet Ihnen eine Vielzahl von Möglichkeiten, den Flug zu beobachten. In zwei Fenstern (3-D-Windows), die frei plazierbar sind, können Sie entweder aus dem Cockpit schauen, vom Tower, von einem Punkt am Boden oder von einem Begleitflugzeug aus Ihren Flug beobachten. In allen Fällen kann der Blickwinkel in einem riesigen Bereich von 0,5 bis 256 eingestellt werden, was einem 512fach-Zoomobjektiv entspricht!

Ist der Blick aus dem Cockpitfenster gewählt, kann außer dem Blickwinkel auch noch die Blickrichtung verändert werden. In 45-Grad-Schritten hat man den totalen Rundumblick!

Ein weiteres Fenster (Karte oder Window Map) gibt den Blick auf eine Landkarte frei, die mit einem stilisierten Flugzeug anzeigt, wo und wohin man fliegt, der Kartenausschnitt ist auch hier in weiten Grenzen wählbar. Er reicht von 15 m bis 3700 km.

Menüpunkt		Zweck
1	Fenster Window	Hier wählen Sie das 3-D-Window aus, das Sie mit den Menüpunkten 2 und 3 einstellen wollen. Sie können zwischen zwei fast gleichberechtigten Fenstern wählen.
2	Sichtmodus From	Hier schalten Sie die verschiedenen Beobachterperspektiven für das mit Menüpunkt 1 aktivierte Fenster.
3	Zoom	Beide 3-D-Fenster und die Landkarten können in weitem Bereich gezoomt werden.
4	Richtung Direction	Beim Blick aus dem Cockpit wählen Sie hier die Blickrichtung.
5	Achsenanzeiger Axis Indicator	Auf die Windschutzscheibe wird ein Zeichen projiziert, das zeigt, wohin die

		verlängerte Längsachse des Flugzeuges zielt.
6	(+) 1. 3-D-Fenster First 3-D	Ein- und Ausschalten des ersten 3-D-Fensters
7	(+) 2. 3-D-Fenster Second 3-D	Ein- und Ausschalten des zweiten 3-D-Fensters
8	(+) Kartenfenster Map	Ein und Ausschalten des Fensters mit der Landkarte
9	(+) Turmaussicht ges. Bildsch. Full Screen Tower View	Der ganze Bildschirm wird genutzt, um das Flugzeug vom Tower aus zu beobachten. Voraussetzung: Fenster 1 muß auf Tower gesetzt sein!
A	(+) Fenstertitel Titles on Windows	Die Fenster können eine Bezeichnung im oberen linken Eck haben. Der Text wird mit diesem Menüpunkt an- und abgeschaltet.
B	(+) Schraffur Shader	Körper und Flächen werden entweder geschlossen oder als Drahtmodell gezeigt.
C	Fenster einrichten Setup Windows	In einem übersichtlichen Untermenü können Größe und Position von Fenstern eingestellt werden.
D	Beobachterflugzeug Set Spot Plane	Entfernung, Position und Flugverhalten des Beobachtungsflugzeuges in einem Untermenü einstellen
E	Anzeigequalität Display Quality	In einem Untermenü kann die optimale Kombination von Auflösung und Bildaufbaugeschwindigkeit gewählt werden.

12.2.1 Auswahl des aktiven Fensters

Auf dem Bildschirm können zwei 3-D Fenster, ein Kartenausschnitt, der Positionsanzeiger und natürlich die Instrumente gleichzeitig dargestellt werden.

Auf das aktive Fenster (Fenster 1 oder 2) beziehen sich die unter den Optionen 2, 3 und 4 angezeigten und veränderbaren Parameter. Achtung: Um ein Window hier auswählen zu können, muß es eingeschaltet sein (Funktion 6, 7 bzw. 8 in diesem Menü). Außer den beiden 3-D-Fenstern kann hier auch die Landkarte gewählt werden. Der Zoomfaktor (Blickwinkel) des aktiven Fensters wird mit Funktion 3 verändert. Das aktive Fenster erkennen Sie an der dunklen Umrandung. Sie können ein Fenster auch direkt mit folgenden Tasten aktivieren: <ü> = 1.Fenster, <+> = 2.Fenster und <NumLock> = Kartenausschnitt.

Priorität bei Überlagerung

Die verschiedenen Fenster können sich überlagern und somit gegenseitig verdecken. Um die Reihenfolge zu ändern, aktivieren Sie das Fenster, das nach oben kommen soll, und drücken dann <ä>.

12.2.2 Sichtmodus – Beobachtungsperspektive einstellen

Mit Tastendruck werden die verschiedenen Perspektiven nacheinander dargestellt.

- ☐ Cockpit: Blick vom Cockpit aus. Wie Sie es schon vom FS II gewohnt sind, können Sie nach allen Himmelsrichtungen aus dem Cockpit sehen.
- ☐ Kontrollturm (Tower): Beobachten Sie den Flug vom Kontrollturm aus. Dank Taste 3 (Zoom) verfügen Sie dabei über ein Fernglas mit geradezu gigantischer Vergrößerung.

Sicht-Menü – Views-Menü 183

☐ Verfolger (Track): Ihr Beobachtungspunkt befindet sich auf dem Boden, ist aber nie mehr als 5 Meilen vom Flugzeug entfernt. Sie verfolgen also das Flugzeug gewissermaßen mit dem Auto.

Wenn Sie zu zweit (Multi-Player-Mode) fliegen, haben Sie in diesem Fenster immer den Blick auf das andere Flugzeug. Durch ungeschickte Namensgebung wird diese Funktion leicht mit der folgenden verwechselt.

☐ Beobachter (Spot): Eine Perspektive, die begeistert! Von einem imaginären Beobachtungsflugzeug aus verfolgen Sie Ihren eigenen Flug. Die Position, den Abstand und das Flugverhalten des Beobachters können Sie in weiten Grenzen in einem Menü unter der Funktion D bestimmen.

12.2.3 Zoom

Der Vergrößerungsfaktor bezieht sich immer auf die jeweils unter Funktion 1 gewählte Perspektive, er ist in dem weiten Bereich von 0,5 bis 256 einstellbar. Die Reichweite ist beachtlich, der Tower von Meigs Airfield kann das Flugzeug noch sehen, wenn es schon über Chicago kreist. Sie brauchen aber nicht unbedingt in dieses Menü zu gehen, um den Zoomfaktor zu verändern: Bei laufender Simulation können Sie mit den Tasten <ß> (-) und <'> (+) den Faktor des aktivierten Fensters verändern. Das Fenster wird – wie schon oben beschrieben – mit <ü>, <+> oder <NumLock> aktiviert.

12.2.4 Blickrichtung

Wenn in einem aktivierten Fenster «Cockpit» gewählt ist, können Sie die Blickrichtung aus dem Flugzeug bestimmen. In 45-Grad-Sprüngen erreichen Sie einen totalen Rundumblick, nichts bleibt verborgen. Wenn Sie sich fragen, was der Programmierer wohl mit «ROLLEN-FEST» gemeint hat: Ganz einfach, er hat die Scroll-Lock-Taste wörtlich übersetzt!

12.2.5 Achsenanzeiger (Anzeige der Längsachse)

An die Windschutzscheibe wird ein kleines Zeichen projiziert, das gewissermaßen darstellt, wohin die Längsachse des Flugzeuges zeigt. Auch wenn diese Anzeige nicht mit der tatsächlichen Flugrichtung übereinstimmt, ist sie doch eine Hilfe, um z. B. den Zielflughafen anzuvisieren. Das Zeichen befindet sich immer genau in der Mitte des Fensters; Sie können zwischen kleinem und großem «V» oder vier Punkten wählen, bzw. diese Hilfe ganz abschalten.

12.2.6 Erstes 3-D-Fenster – First 3-D

Ein- und Ausschalten des ersten Fensters. Wenn Sie nicht erst in das Views-Menü gehen wollen, können Sie im Flug mit Taste <ü> das Fenster ein- und mit raschem Doppeldruck <ü> <ü> ausschalten.

12.2.7 Zweites 3-D-Fenster – Second 3-D

Dieselbe Funktion, aber für 3-D-Fenster 2. Im Flug schalten Sie mit der Taste <+> das Fenster ein bzw. mit <+> <+> aus.

12.2.8 Kartenfenster – Map

Ein- und Ausschalten des Fensters mit der Landkarte. Dies ist ebenfalls möglich mit der Taste <Num Lock> bzw. <Num Lock> <Num Lock>.

12.2.9 Turmaussicht – Full Screen Tower View
(Ansicht vom Kontrollturm aus)

Wenn im ersten 3-D-Window Tower View gewählt ist, dann können Sie mit dieser Funktion den ganzen Bildschirm zur Darstellung des Fluggeschehens nutzen. Sie haben jetzt gewissermaßen einen Modellflugzeug-Simulator und können auch dann fliegen, wenn's draußen regnet oder das Flugmodell mal wieder zu Bruch gegangen ist. Da keine Instrumente zur Verfügung stehen, empfiehlt es sich, wenigstens den Positions-Anzeiger (Abschnitt 12.2.C) einzublenden.

12.2.A Fenster einrichten – Titles on Windows
(Überschrift über den Fenstern)

Den Namen des Fensters, der oben rechts eingeblendet wird, schalten Sie mit dieser Funktion ein und aus.

12.2.B Schraffur – Shader

Der FS III kann Begrenzungsflächen von Gebäuden, Flugzeugen und anderen Gegenständen entweder als undurchsichtige Fläche oder nur die Umrisse als Drahtmodell zeigen. Das Berechnen und Füllen von Flächen braucht viel Rechenleistung und führt so zu einer geringeren Bildrate, aber natürlich auch zu naturgetreueren Bildern. Bei Computern mit geringer Rechenleistung (PC/PC-XT) empfiehlt sich das Drahtmodell, um die Bildrate nicht allzusehr herabzusetzen.

12.2.C Fenster einrichten – Setup Windows

Diese Funktion führt zu einem Untermenü, das als Tabelle aufgebaut ist. Hier kann die Position der verschiedenen Fenster verändert werden. Die beiden 3-D-Windows und die Landkarte können über dieses Menü stufenlos verkleinert oder vergrößert werden, und alle Windows sind hier zentral ein- und ausschaltbar. Das Instrumentenpanel und der Position Indicator sind nur hier schaltbar. Position und Größe verändern Sie am besten mit der Maus: Entsprechenden Buchstaben drücken, das Untermenü verschwindet. Jetzt entweder in die linke obere Ecke zum Bewegen, oder in die linke untere zum Verkleinern/Vergrößern gehen, linken Mausknopf drücken und die Maus entsprechend bewegen, während der Mausknopf gedrückt bleibt. Mit <ESC> kommen Sie direkt in das Untermenü zurück und können ein anderes Window zur Bearbeitung auswählen.

Bei «mauslosen» Computern bewegen Sie das Window mit der numerischen Tastatur (Move mode) oder im Size mode (6 bis 8) mit den Tasten <F> nach rechts, <H> nach links, <T> nach oben und <B> nach unten; mit dem numerischen Eingabefeld verändern Sie in diesem Mode die Größe des Windows.

12.2.D Beobachterflugzeug – Set Spot Plane
Relation des Beobachtungsflugzeuges definieren)

Ein besonders nettes Feature des neuen Flugsimulators ist das Begleitflugzeug, von dem aus Sie Ihren eigenen Flug beobachten und analysieren können.

In einem Untermenü können Sie die Entfernung und die Flughöhe des Begleiters einstellen. Wie groß das Flugzeug dann erscheint, hängt nicht nur von der Entfernung ab, sondern auch noch vom Zoomfaktor des Fensters. Wenn Sie Ihr Flugzeug von schräg unten beobachten, brauchen Sie übrigens keine Angst zu haben, daß der Begleiter bei der Landung im Erdboden versinkt; das Begleitflugzeug kann nicht zur Untergrundbahn werden.

Position: An einem stilisierten Flugzeug wird die Position des Beobachtungsflugzeuges relativ zu Ihrem entweder mit der Maus oder mit den Cursortasten eingestellt.

Sicht-Menü – Views-Menü

12.2.D.1 Entfernung – Distance

Entfernung des Begleitflugzeugs in Relation zu Ihnen.

12.2.D.2 Höhe – Altitude

Flughöhe des Begleitflugzeuges in Relation zu Ihnen.

12.2.D.3 Priorität – Preference

Stellen Sie sich vor, der Begleiter klebt an Ihrer rechten Flügelspitze. Fliegen Sie jetzt eine Rolle, drehen das Flugzeug also um die Längsachse, dann sehen Sie immer dieselbe Ansicht des Flugzeuges, lediglich der Hintergrund verschiebt sich. Sie wollen aber die Rolle beobachten! In diesem Fall muß das Begleitflugzeug einem Kurs folgen, der parallel zur Längsachse des Flugzeuges liegt.

Anders verhält es sich, wenn Sie einen Looping beobachten wollen. Orientiert sich der Begleiter jetzt an der Längsachse, fliegt er den Loop praktisch mit, was zur Folge hat, daß Sie nichts von Ihrer Figur sehen, lediglich der Hintergrund dreht sich. In diesem Fall ist es besser, wenn der Begleiter geradeaus weiterfliegt und sich eher an der Querachse (Achse der Tragfläche) des zu beobachtenden Flugzeuges orientiert.

Wählen Sie mit dieser Option die Beobachtungsart, die Ihren Manövern am besten entspricht.

12.2.D.4 Überwechseln – Transition
(Trägheit bei einer Kursänderung)

Hier geben Sie an, wie rasch der Beobachter den Kursänderungen folgt: Entweder langsam (slow) oder schnell (fast).

12.2.E Anzeigequalität

In einem Untermenü können Sie den für Ihr Computersystem besten Kompromiß zwischen Bildstörungen und Bildaufbaugeschwindigkeit einstellen.

12.2.E.1 Flimmergeschwindigkeit

Moderne Bildschirmkontroller verhindern das Flimmern sowieso, so daß Sie hier bedenkenlos «viel flimmern» einstellen können.

12.2.E.2 Bildkomplexität

Hier bestimmen Sie, wie detailgetreu das Bild wird. Je mehr Details, um so geringer die Bildrate, um so größer die Sprünge zwischen den Bildern.

12.3 Umwelt-Menü – Enviro-Menü

Stellen Sie die Umgebungsbedingungen wie Jahreszeit, Wetter und Uhrzeit ein. Diese Bedingungen wirken von außen auf das Flugzeug und erschweren so Ihre Arbeit. Dieses Menü gliedert sich in 5 Optionen:

Menüpunkt		Zweck
1	Jahreszeit / Season	Wählen Sie die Jahreszeit Winter, Frühling, Sommer oder Herbst aus.
2	(+) Sterne	Bei Nacht können Sie Sterne sehen oder nicht.
A	Uhrzeit / Time set	Bestimmen Sie die Tageszeit, zu der Ihr Flug stattfindet.
B	Wolken / Clouds	Definieren Sie bis zu zwei Wolkendecken und, wenn Sie unbedingt wollen, einen Gewittersturm.
C	Winde / Winds	Hier stellen Sie den Oberflächenwind und Wind in drei weiteren Höhen ein.

12.3.1 Jahreszeit – Season

Hier wird die Jahreszeit festgelegt. Von ihr hängt – wie Tabelle 12.1 zeigt – die Zeit für Sonnenauf- und -untergang ab. Des weiteren wird die Temperatur, die ATIS meldet, von der Jahreszeit beeinflußt.

Jede Jahreszeit bringt für den Piloten ihre spezifischen Probleme: Im Sommer bei hoher Luftfeuchtigkeit besteht die Gefahr der Vergaservereisung, die Luft über der Startbahn ist erhitzt, weniger tragfähig und erfordert eine höhere Abhebegeschwindigkeit. Im Winter hingegen springt der Motor schlecht an, die Startbahn ist möglicherweise vereist, und die Tage sind kurz.

Um eine Jahreszeit auszuwählen, drücken Sie die Taste <1>, bis die gewünschte erscheint.

Jahreszeit	Morgen	Tag	Abend	Nacht
Winter	7:00	7:30	17:00	17:30
Frühling	6:00	6:30	19:00	19:30
Sommer	5:00	5:30	21:00	21:30
Herbst	6:00	6:30	19:00	19:30

Tabelle 12.1   Tageszeiten in Abhängigkeit von der Jahreszeit

12.3.2   Sterne – Stars

Mit Option 2 werden die Sterne an- und abgeschaltet. FS III simuliert realistische Sternbilder mit Sternen in drei Größen. Sie können jetzt nach den Sternen navigieren.

12.3.A   Uhr stellen – Time Set

Der Flugsimulator paßt die Sichtverhältnisse an die Tageszeit an, dafür verwendet er eine interne Uhr. Diese Uhr ist nicht mit der Systemuhr Ihres Computers gekoppelt, sondern beginnt immer bei der gleichen Zeit, die mit dem Startmodus gespeichert ist.

Die Uhrzeit wird digital im 24-Stunden-Modus angezeigt. Sie wird vom Simulator in erster Linie benutzt, um die verschiedenen Tageszeiten darzustellen. Der Wechsel der Tageszeit ist in Tabelle 12.1 dargestellt. Diese Tabelle gilt, was nicht der Realität entspricht, für alle Gebiete, die Sie erreichen können – unabhängig vom Breitengrad. Sie können die Zeit auch direkt mit der Maus durch Anklicken der linken oder rechten Seite der Stunden, Minuten oder Sekunden verstellen.

12.3.B Wolken – Clouds

Wolken sind das Haupthindernis für jeden Privatpiloten, wenn sein Flugzeug nicht für Blindflug ausgerüstet ist. Ihr Flugzeug verfügt jedoch über eine gute Instrumentierung und ist somit in der Lage, auch in Wolken sicher zu fliegen und zu navigieren. Wenn Sie über einige Erfahrung im Umgang mit Navigationsinstrumenten verfügen, können Sie ständig in den Wolken fliegen und werden dennoch am richtigen Punkt landen. Hier liegt der Hauptreiz des Flugsimulators: Fliegen nach Instrumenten.

12.3.B.1 bis 12.3.B.8

Sie können zwei Wolkendecken definieren. Eine Wolkendecke wird abgeschaltet, indem man die obere Wolkengrenze auf Null setzt. Alle Höhenangaben beziehen sich auf Meeresspiegel. Mit der Option «Decke (Cover)» bestimmen Sie die Dichte der Wolken zwischen Klar (Clear), Vereinzelt (Scattered), Aufgerissen (Broken) und Bedeckt (Overcast).

Die Simulation wurde um eine weitere Feinheit erweitert: Da sich Wolkengrenzen nie auf den Fuß genau voraussagen lassen, kann man jetzt durch einen Parameter «Abweichung (Deviation)» die Grenzen um einen Zufallswert verändern.

12.3.B.9 Gewitter – Thunderstorms

Der Flugsimulator kann jetzt auch Gewitter simulieren. Sie werden von Piloten gefürchtet wie das Weihwasser vom Teufel, aber wenn Sie unbedingt wollen, definieren Sie im Wolkenmenü die Untergrenze (1000 bis 15 000 Fuß) und die Obergrenze (25 000 bis 50 000 Fuß).

12.3.B.B Bewölkung, Intensität und Verteilung

Dient zum Einstellen der Sturmintensität. Wählen Sie zwischen weit verteilt (widely scattered), verteilt (scattered) und dicht (dense).

12.3.B.C und 12.3.B.D Richtung und Geschwindigkeit

Die Gewitterstürme sind nicht nur stationär, sondern können wandern; Sie bestimmen die Richtung und die Geschwindigkeit. Typische Geschwindigkeiten liegen im Bereich 5 bis 30 Knoten.

12.3.C Wind

Mit Option C im Enviro-Menü bestimmen Sie Windgeschwindigkeit und -richtung in drei Höhen sowie den Bodenwind.

Die drei Höhenschichten sind im Programm mit Windstärke 1, Windstärke 2 und Windstärke 3 sehr unglücklich bezeichnet, denn es handelt sich keinesfalls um Windstärken, sondern um Höhen. In der US-Version wird hier mit Level 1 bis 3 wesentlich exakter beschrieben, was gemeint ist.

Für jede der drei Schichten kann die obere und untere Grenze – bezogen auf Meeresspiegel – eingegeben werden; die Höhe des Bodenwindes wird relativ zum Grund gemessen.

Die Richtung (Dir) kann im Bereich 0 bis 360 Grad liegen, die maximale Geschwindigkeit (speed) beträgt 100 Knoten, aber dann sollte Ihr Flugzeug besser am Boden bleiben. Die Turbulenz kann im Bereich 0 bis 10 liegen und sorgt für ein gewisses Eigenleben des Flugzeuges.

Wählen Sie einfach den entsprechenden Menüpunkt, geben Sie die Werte für Höhe, Richtung, Stärke und Turbulenz ein und schließen Sie diese Eingaben jeweils mit <Enter> ab.

12.4 Sim-Menü

Mit diesem Menü können Sie Simulations- und Kontrollparameter einstellen. Hier werden die Randbedingungen der Simulation eingestellt, sie sind im einzelnen:

Menüpunkt		Zweck
1	Bodenstruktur / Ground Texture	Sie können wählen, ob der Boden mit großen oder kleinen Rechtecken dargestellt wird oder ob dazu Linien verwendet werden.
2	Crash	Es gibt verschiedene Möglichkeiten, wie sich der Simulator nach einem Absturz verhält.
3	(+) Ton / Sound	Motor- und andere Geräusche werden hier geschaltet.
4	(+) Pause	Unterbrechen und starten Sie die Simulation.
5	(+) Autokoordination	Seiten- und Querruder werden hier miteinander ge- oder entkoppelt.
6	(+) Rauchsystem / Smoke System	Bei Bedarf stößt das Flugzeug kleine Qualmwölkchen aus. Wollen Sie umweltfreundlich fliegen, schalten Sie das Smoke-System einfach ab.
7	(+) Positionsanzeiger / Control Indicator	An- und Abschalten der Anzeige für Höhen-, Seiten- und Querruder im Display
A	Realität / Realism	Schalter für verschiedene Effekte, die die Realitätsnähe der Simulation beeinflussen
B	Zuverlässigkeit / Reliability	Stellen Sie die Zuverlässigkeit des Flugzeuges hier zwischen 100 % (sehr

		zuverlässig) und 0 % (unzuverlässig) ein.
C	Instrumente Control Panel	Hier können Sie Instrumente abschalten, um so das Fliegen ohne Instrumente zu üben.
D	Maus	Einstellen der Maus-Empfindlichkeit
E	Joystick	Einstellen der Joystick-Empfindlichkeit
F	Tastatur	Einstellen der Tastatur-Empfindlichkeit

Die Auswirkungen der Schalter werden im einzelnen in den folgenden Abschnitten betrachtet.

12.4.1 Bodenstruktur – Ground Texture

Wenn keine Bodenmerkmale wie z. B. Straßen, Flüsse oder Städte definiert sind, erzeugt das Programm ein Zufallsmuster, um so ein Gefühl von Tiefe und Geschwindigkeit zu geben. Mit der Option 1 wählen Sie zwischen Punkten, kleinen oder großen Rechtecken oder überhaupt keinen Strukturen.

12.4.2 Crash-Erfassung und -Analyse – Detection and Analysis

Unter diesem Menüpunkt wählen Sie, wie sich der Simulator nach einem Absturz verhält. Es gibt folgende Möglichkeiten: Steht der Schalter auf «Aus», fliegt das Flugzeug weiter, als wäre nichts passiert, es prallt sanft von der Oberfläche ab, stabilisiert sich und setzt seinen Flug fort.

Steht der Schalter auf «Erfassung», erhalten Sie die Meldung «Crash» oder «Splash», und der Simulator macht einen Reset.

Ist «Erfassung und Analyse» aktiviert, erscheint eine Grafik, die den Flugweg, Fallgeschwindigkeit und andere Informationen zeigt, die Ihnen helfen sollen, die Ursache des Absturzes zu erkennen. Mit <ESC> beenden Sie dann die Anzeige und lösen den Reset aus.

12.4.3 Ton – Sound

Mit Option 3 schalten Sie den Ton an und aus, ein kleines Pluszeichen neben dem Text «Ton» zeigt an, daß die Geräuschkulisse angeschaltet ist. Leider ist der Ton auf IBM-kompatiblen Computern immer noch recht schwach. Wenn Sie den mit Strahlturbinen angetriebenen Lear Jet fliegen, hören Sie immer noch das Knattern des Propellers der Cessna. Diese Funktion kann ebenfalls mit der Taste <Q> geschaltet werden.

12.4.4 Pause

Mit Option 4 können Sie die Simulation jederzeit unterbrechen, durch ein Pluszeichen neben dem Wort «Pause» wird das angezeigt.

Wie beim Vorläufer FS II kann die Simulation auch mit der Taste <P> unterbrochen werden. Erneutes Drücken der Taste nimmt die Simulation wieder auf.

12.4.5 Auto Coordination

Um die Finger des Simulatorpiloten nicht zu überfordern, sind die Seitenruder (rudder) und Querruder (ailerons) miteinander gekoppelt, werden also gemeinsam bewegt. So ist sichergestellt, daß Sie immer koordiniert fliegen, wie im Kapitel 2 beschrieben. Im Gegensatz zum Simulator wird beim richtigen Flugzeug das Seitenruder mit den Füßen und das Querruder mit den Händen bewegt.

Bitte beachten Sie, daß nicht alle Manöver geflogen werden können, wenn dieser Schalter auf «ein» (Pluszeichen) steht.

12.4.6 Rauchsystem – Smoke System

Mit Option 6 wird der Rauchgenerator des Flugzeuges aktiv. Die Rauchwolken bleiben wie eine Kette Luftballons für einige Zeit sichtbar in der Luft stehen. Sie können diese Wölkchen sehen, wenn Sie nach hinten aus dem Cockpit schauen oder beim Blick vom Tower. Hier sind die Abgase oft besser zu sehen als das Flugzeug selbst. Eine Hilfe sind sie beim Formationsflug, hier kann man sich gut an den Rauchwolken orientieren.

12.4.7 Positionsanzeiger – Control Position Indicator

In einem Fenster wird die Position der Steuerorgane (Höhenruder, Handgas, Seiten- und Querruder) angezeigt. Ein Quadrat bewegt sich innerhalb des Fensters nach links oder rechts und zeigt so die Stellung des Querruders. Die Bewegung nach oben oder unten zeigt den Höhenruderausschlag an. Pfeile am unteren Rand des Fensters und rechts außen zeigen Handgas und Seitenruderposition.

In Abschnitt 12.2.C wird beschrieben, wie das Fenster bewegt und in seiner Größe verändert werden kann. Da die Ruderausschläge und das Handgas auch auf dem Instrumentenbrett zu finden sind, ist diese Funktion eigentlich nur dann sinnvoll, wenn Sie ohne Instrumente fliegen und den ganzen Bildschirm zur Darstellung der Landschaft nutzen.

12.4.A Realität – Realism

Unter dieser Überschrift verbergen sich verschiedene Effekte, mit denen die Simulation für den Piloten erschwert und damit naturgetreuer werden kann. Hat man schon einige Flugerfahrung und wird die Simulation zur Routine, so kann man hier für Abwechslung und Spannung sorgen. Der wichtigste Punkt ist die Flugsteuerung, die zwischen 1 (leicht) und 9 (naturgetreu) eingestellt werden kann. Hier beeinflussen Sie die Gutmütigkeit des Flugzeuges und wie es auf Steuerknüppelbewegungen reagiert. Außerdem können noch weitere Schalter unabhängig voneinander gesetzt werden, deren Funktion im einzelnen beschrieben werden.

12.4.A.A Maschine – Engine

Wenn hier ein Plus gesetzt ist, muß der Motor zunächst mit Hilfe des Magnetschalters <M> und durch Eingabe der Zahl 5 (Start) angelassen werden. Erfreulicherweise ist der Motor auch dann schon warm, wenn Sie den Flugsimulator mit abgeschaltetem Triebwerk starten.

12.4.A.B Höhenruder-Trimmung – Elev(ator) Trim

Die Höhenruder-Trimmung muß abhängig von Geschwindigkeit und Beladung laufend nachgeregelt werden, normalerweise erledigt der Simulator das automatisch; wenn hier aber ein Pluszeichen steht, muß von Hand nachgetrimmt werden.

12.4.A.C Kurskreisel-Abweichung – Gyro Drift

Wie im Abschnitt 4.2.2 beschrieben, muß der Kurskreisel (Gyrometer) alle 15 Minuten anhand des magnetischen Kompasses nachgestellt werden.

12.4.A.D Glühb. duchbr. – Light Burn

Glühlampen brennen von Zeit zu Zeit durch. Besonders wenn Sie vergessen, die Beleuchtung am Tage abzuschalten, kann es passieren, daß nachts einige Instrumente nicht beleuchtet sind. Diese Instrumente stehen Ihnen dann nicht zur Verfügung. Wenn ein Pluszeichen hinter dem Buchstaben D steht, ist diese Option gewählt.

12.4.A.E Drosselklappe – Fast Throttle

Wenn Sie zu plötzlich Vollgas geben, kann es passieren, daß der Motor abstirbt. Ursache ist zu geringer Unterdruck im Vergaser.

12.4.A.F Instrument.bel. – Instrument Lights

Bei Einbruch der Dunkelheit müssen Sie die Beleuchtung einschalten, sonst können Sie die Instrumente nicht ablesen. Normalerweise sind die Instrumente immer ablesbar, nur wenn diese Option aktiv ist, muß von Hand geschaltet werden. Ist gleichzeitig die Option «Light Burn» gesetzt, dürfen Sie nicht vergessen, am Tag die Beleuchtung wieder auszuschalten, sonst brennen die Glühlämpchen durch.

12.4.A.G Barometerabw. – Barometer Drift

Der barometrische Höhenmesser zeigt aufgrund von Luftdruckschwankungen eine falsche Höhe und muß mit Hilfe des örtlichen Luftdruckes justiert werden (siehe Kapitel 4).

12.4.B Zuverlässigkeit – Reliability

Durch Eingabe einer Ziffer zwischen 0 und 9 bestimmen Sie die Zuverlässigkeit des Flugzeuges. Kleine Zahlen bedeuten ein unsicheres Flugzeug: Instrumente fallen aus, Probleme mit dem Motor und seiner Treibstoffversorgung machen Ihnen das (Über-)Leben schwer. Im Gegensatz zum FS II, wo der Zuverlässigkeitsfaktor nur ausgewertet wurde, wenn die Reality mode angeschaltet war, wird bei der neuen Version dieser Parameter immer beachtet.

12.4.C Instrumente – Partial Panel

Mit dieser Option können Sie in einem Untermenü einzelne Instrumente abschalten (zerstören). So können Sie den Ausfall einzelner Instrumente üben. Versuchen Sie anhand von Bodenreferenz oder anderen Instrumenten zu navigieren! Ein ausgefallenes Variometer z. B. können Sie durch sorgfältiges Beobachten des Höhenmessers und der Uhr ersetzen. Einige Felder sind mit AUX beschriftet, sie sind für künftige Erweiterungen des Flugsimulators reserviert.

12.4.D Maus – Mouse

In einem Untermenü kann die Empfindlichkeit der Maus eingestellt werden, also wie weit sie bewegt werden muß, um einen bestimmten Ruderausschlag zu erzielen.

Geben Sie die Ziffer vor dem entsprechenden Symbol ein, dann den gewünschten Parameter zwischen 1 und 8 und schließen Sie die Eingabe mit <ESC> ab. Eine Beschreibung der Funktionen, die Sie mit der Maus ausführen können, finden Sie im Abschnitt 12.6 Fliegen mit der Maus.

12.4.E Joystick (Analoger Steuerknüppel)

Beim FS II mußte man noch zum Lötkolben greifen, um einen Steuerknüppel in Empfindlichkeit, Ausschlag und Nullpunkt zu justieren. Jetzt steht ein Menü zur Verfügung, das in weitem Bereich die Fertigungstoleranzen der Hersteller ausgleicht. Experimentieren Sie mit den Parametern, bis Sie die optimale Einstellung gefunden haben. Bitte beachten Sie, daß der Analog-Digital-Wandler aufgrund seiner einfachen Bauart sehr temperaturempfindlich sein kann.

Deshalb Vorsicht, speichern Sie die Werte zusammen mit einem Modus und starten Sie den Simulator am nächsten Morgen, kann es vorkommen, daß die Werte nicht mehr stimmen, weil der Computer noch kalt ist. Außerdem ist die Einstellung auch noch von der Taktfrequenz des Computers abhängig. Wenn Sie einen der Werte verstellt haben, müssen Sie ihn mit Option 4 (Einstellen) gültig machen.

12.4.F Tastatur – Keyboard Sensitivity

Hinter dieser Option steht ein Menü, in dem die Empfindlichkeit der Tastatur auf Querruder (aileron), Höhenruder (elevator) und Seitenruder (rudder) eingestellt werden kann.

12.5 NAV/KOM-Menü – NAV/COM-Menü

In diesem Abschnitt werden im weitesten Sinn die räumlichen Gegebenheiten definiert, in denen sich die Simulation bewegt. So können Sie unter anderem neue Landschaften laden, aus der Vogelperspektive auf diese Landschaften schauen, sich direkt, ohne zu fliegen, an jeden Ort begeben oder Parameter für Navigationsinstrumente setzen.
Die Punkte des Menüs 5 im einzelnen:

Menüpunkt		Zweck
1	Szenerie	Landschaftsdaten auf Harddisk oder Floppy
2	Szenerie laden	Neue Landschaft laden
3	(+) Kartenanzeige Map display	In einem Fenster kann eine Ansicht von oben auf das Flugzeug eingeblendet werden (früher Radar view).
4	Kartennah (zoom in)	Den Maßstab des Ausschnitts verkleinern
5	Kartenfern (zoom out)	Den Maßstab des Ausschnitts vergrößern
6	(+) Autopilot	Autopiloten ein- und ausschalten
7	(+) Kom. mit Flugv. Air traffic	Mitteilungen des Towers an Ihr Flugzeug werden als Laufschrift eingeblendet.
8	(+) EFIS/CFPD Anzeige	Grafische Darstellung des Gleitweges
9	(+) Grobverstellung Slew	Bewegen Sie das Flugzeug schnell über große Distanzen, ohne zu fliegen.
A	Position einstellen Position set	Geben Sie direkt die Daten für die neue Position des Flugzeuges ein.
B	NAV-Empfänger	Funknavigationsempfänger einstellen
C	KOM-Empfänger	Funkgerät einstellen

D   Transponder   Transponder einstellen
E   ADF   Die Navigationshilfe ADF einstellen
F   Autopilot einstellen Kriterien für den Autopiloten festlegen

12.5.1 Szenerie – Scenery

Hier wird festgelegt, ob der Flugsimulator beim Laden neuer Landschaftsdaten diese auf einem Floppy-Laufwerk oder auf der Festplatte erwartet.

12.5.2 Szenerie laden – Scenery load

12.5.2.1 Szeneriediskette in Laufwerk A: – Scenery disk in A:

Das Programm versucht, vom Laufwerk A: Landschaftsdaten zu laden. Achtung: Wenn keine Landschaftsdiskette im Laufwerk ist, hängt sich das Programm auf. Uns ist kein Weg bekannt, wie man diese Situation ohne Reset beenden könnte. Der Hinweis (Esc, um zu beenden) hilft hier nichts.

12.5.2.2 FS III.00-Standardszenerie – Default

Es werden die Landschaftsdaten geladen, die serienmäßig beim Flugsimulator mitgeliefert werden.

12.5.2.x

Hier können weitere Landschaftsdaten von anderen Gebieten geladen werden, die zuvor mit dem Programm CONVERTS auf DOS-Ebene konvertiert und auf die Festplatte geladen wurden. An dieser Stelle funktioniert die Maussteuerung nicht, Sie müssen die betreffende Landschaft auf der Tastatur auswählen.
Die USA sind in 12 Landschaftsdisketten aufgeteilt, weiter gibt es je eine Landschaftsdiskette von Europa und Japan.

Der deutschen Ausgabe des Programms liegen erfreulicherweise auch die europäischen Landschaftsdaten bei.

12.5.2.A

Mit dieser Funktion können Sie bestimmen, welche Landschaftsdaten geladen werden, wenn Sie das Programm starten. Der Menüpunkt ist nur in der amerikanischen Version zu finden. Er hat auch nicht richtig funktioniert, deshalb ist er bei der deutschen Version ganz entfallen.

12.5.3 Kartenanzeige – Map Display

Die Option 3 blendet eine Landkarte ein, in deren Mittelpunkt sich Ihr Flugzeug befindet. In älteren Versionen des Flugsimulators wurde diese Funktion «Radar View» genannt und mit der Taste <Num Lock> aufgerufen, was auch jetzt noch der einfachere Weg ist. Wenn Sie <Num Lock> zweimal schnell hintereinander drücken, verschwindet die Karte wieder. Der Maßstab der Karte läßt sich mit den Tasten <'> und <ß> verändern. Oder Sie wählen die Optionen 4 bzw. 5 im NAV/COM-Menü, was aber nicht besonders praktisch ist, denn wenn das Menü aktiviert ist, sehen Sie den Kartenausschnitt normalerweise nicht.

12.5.4 Kartennah – Zoom in

Verkleinert den Maßstab der Karte (siehe 12.5.3).

12.5.5 Kartenfern – Zoom out

Vergrößert den Maßstab der Karte (siehe 12.5.3).

12.5.6 Autopilot

Hier schalten Sie den Autopiloten ein oder aus. Auf der deutschen Tastatur geht das einfacher mit der Taste <Y>. Wie der Autopilot programmiert wird, ist in Abschnitt 12.5.F beschrieben.

12.5.7 Kommunikation mit Flugverkehrskontrolle – Air Traffic Control Communications

Dieser Schalter bewirkt, daß eine Laufschrift auf dem Display die wichtigsten Daten des Flugplatzes mitteilt. Voraussetzung: Sie haben die Kommunikationsfrequenz auf dem COM-Radio eingestellt und befinden sich in der Nähe des Flugplatzes.

12.5.8 EFIS/CFPD Anzeige – EFIS/CFPD Visuals

Visuelle Anflughilfe bei ILS-unterstützten Landungen. Eine genaue Beschreibung finden Sie in Abschnitt 12.1.I.

12.5.9 Grobverstellung – Slew

Mit dieser Funktion können Sie die Position Ihres Fliegers verändern, ohne zu fliegen, aber unter ständiger optischer Kontrolle. In einem anderen Menü (siehe Abschnitt 12.5.A) können Sie die Koordinaten des Flugzeuges abstrakt eingeben, mit Slew haben Sie die Bewegung im Griff und können sowohl feine Korrekturen beim Landeanflug vornehmen als auch schnell ganze Länder überqueren. Eine genaue Beschreibung, mit welchen Tasten bzw. Mausbewegungen Sie «slewen», steht im Anhang.

12.5.A Position einstellen – Position set

In diesem Menü stellen Sie die Position, Geschwindigkeit, Lage und Richtung des Flugzeuges ein. Sie müssen Ihre Eingabe mit <Enter> abschließen, bevor Sie das Menü mit <ESC> verlassen.

12.5.B NAV-Empfänger – NAV Radio

Hier stellen Sie die Empfangsfrequenzen und den Radial der Navigationsinstrumente ein. Achtung: Bitte beachten Sie, daß ILS-Frequenzen nur dann wirksam sind, wenn Sie auf den NAV1 eingestellt sind. Einfacher ist es, Frequenz und Radial mit der Maus einzustellen: Zeigen Sie auf die betreffende Ziffer und drücken den linken Mausknopf. Unter diesem Menüpunkt können Sie jetzt auch bestimmen, ob das untere Navigationsinstrument als CDI oder ADF arbeitet. Diese Auswahl kann auch unter ADF getroffen werden.

12.5.C KOM-Empfänger – COM Radio

Hier wird die Frequenz für Sprechfunk eingestellt. Sie können dann ATIS empfangen und werden so über die Wetter- und andere Landebedingungen informiert. ATIS wird in Form einer Laufschrift auf dem Bildschirm dargestellt, die Geschwindigkeit kann im Menü eingestellt werden. Ist Ihr Rechner via Modem mit einem anderen verbunden (Multi Player, Abschnitt 12.1.5), können Sie über dieses Menü einen «Funkspruch» an Ihren Partner absetzen.

12.5.D Transponder

Der Transponder ist ein Sender an Bord des Flugzeugs, der auf ein Radarsignal vom Boden mit einer 4stelligen Kennung (squawk) antwortet (siehe Abschnitt 5.3). Für eine künftige

Version ist geplant, daß Air traffic control (ATC) Ihnen einen Squawk zuweist, den Sie dann einstellen müssen. Derzeit wird der Transponder vom Programm in keiner Weise ausgewertet, kann aber hier eingestellt werden.

12.5.E ADF

Neben VOR-Navigation steht jetzt auch auf den IBM-Kompatiblen die Navigation mit ADF, dem automatischen Richtungsfinder, zur Verfügung. Allzu oft werden Sie aber die Richtung mangels der zugehörigen Sender – den NDBs – nicht finden. Genauere Informationen über ADF finden Sie in Abschnitt 6.2.3.

12.5.F Autopilot einstellen

Der Autopilot hält das Flugzeug auf einer bestimmten Höhe und/oder Kurs. Er befreit den Piloten von Routinearbeit und läßt ihm auf Überlandflügen mehr Zeit, die Instrumente zu beobachten, sich auf die Landung vorzubereiten oder in diesem Buch zu lesen. Der Autopilot kann für verschiedene Aufgaben herangezogen werden, alle Kombinationen bis auf 2 und 3 gleichzeitig sind erlaubt.

12.5.F.1 Längsachsenstabilisator – Wing Leveler

Stabilisiert das Flugzeug bei böigen Winden.

12.5.F.2 NAV1-Raste – NAV1 Lock

Das Flugzeug folgt exakt dem Radial, das auf den NAV1-Empfänger eingestellt ist. Das ist praktisch, wenn man nicht nur fliegen, sondern auch ankommen will.

12.5.F.3 Steuerkursraste – Heading Lock

Zunächst werden Sie aufgefordert, einen Kurs einzugeben; diesem folgt dann das Flugzeug.

12.5.F.4 Höhenraste – Altitude Lock

Auch hier muß man zunächst den Sollwert – in diesem Fall die Flughöhe – eingeben, dem das Flugzeug dann folgt.

12.5.F.5 Originalautopilot ein/aus – Master Autopilot on/off

Hier wird der Autopilot an- und ausgeschaltet. Einfacher geht es während des Fluges mit der Taste <Y>.

12.6 Fliegen mit der Maus

Der Flugsimulator kann nicht nur über die Tastatur geflogen werden, vielmehr unterstützt das Programm sowohl eine Maus und/oder ein bzw. zwei Steuerknüppel. Wollen Sie die Maus benutzen, setzt das allerdings voraus, daß zuvor der Maustreiber MOUSE.COM oder MOUSE.SYS geladen wurde.

Das Programm nutzt die Maus für zwei Aufgaben:

1. als Zeiger, mit dem Sie auf dem Instrumentenbrett quasi wie per Hand Geräte einschalten, Instrumente einstellen oder Menüs auswählen können,
2. als Steuerknüppel, der Quer-, Seiten- und Höhenruder beeinflußt, und als kombiniertes Gas-/Bremspedal.

Wie geht das alles mit einer Maus? Ganz einfach: Der rechte Mausknopf schaltet zwischen der Zeige- und der Steuerfunktion um. Gleichzeitig ändert sich das Symbol am Bildschirm; ist die Maus im Zeigemodus, erscheint hier ein Pfeil, arbeitet sie als Steuerknüppel, verschwindet die Anzeige.

Maus als Steuerknüppel

Drücken Sie auf den rechten Knopf, so daß kein Pfeil mehr auf dem Bildschirm erscheint. Jetzt kann man beobachten, wie sich die CPI-Anzeigen auf dem Instrumentenpanel bewegen. Drückt man die Maus nach vorn, dann nimmt das Flugzeug die Nase herunter, zieht man die Maus zu sich hin, steigt das Flugzeug. Um nach rechts zu fliegen, brauchen Sie nur die Maus nach rechts zu schieben, schon legt sich das Flugzeug in die Kurve. Vergessen Sie aber nicht, das Ruder rechtzeitig wieder geradezustellen, denn selbständig zentriert das Ruder nicht! Um das Ruder in Mittelstellung zu bringen, können Sie auch die Tastatur benutzen, sie bleibt weiter aktiv. Tatsächlich kann man die Maus wie den Knauf eines Steuerknüppels betrachten und damit sehr feinfühlig und gleichzeitig reaktionsschnell fliegen, was mit der Tastatur so nicht möglich ist.

Weitere Funktionen der Maus sind – wie schon oben angedeutet – das Gasgeben und Bremsen. Um den Schub zu erhöhen, drücken Sie die linke Maustaste und halten sie gedrückt, während Sie die Maus nach vorn schieben; um Gas wegzunehmen, ziehen Sie die Maus mit gedrücktem linken Knopf zu sich hin. Um zu bremsen, müssen Sie den linken Knopf drücken und die Maus nach links schieben.

Maus als Zeiger

Arbeitet die Maus als Zeiger, können Sie auf dem Instrumentenbrett Radiofrequenzen einstellen, Fahrwerk und Klappen (Flaps) fahren, die Vergaserheizung, die Beleuchtung und den Autopiloten schalten oder auf den Navigationsinstrumenten einen Radial eindrehen. Kurz gesagt, alles, was man zum Fliegen so braucht, können Sie mit diesem verlängerten Finger erreichen.

Weiter können Sie in der oberen Menüleiste die verschiedenen Menüs und deren Untermenüs an- und abwählen. Dazu benutzen Sie immer den linken Mausknopf, der lediglich kurz angeklickt wird. Nur wenn Sie hier aufgefordert werden, eine Zahl einzugeben, müssen Sie im wahrsten Sinne des Wortes auf die Tastatur zurückgreifen.

Im Gegensatz zu früheren Versionen des Programms wird zum Einstellen von Zahlen auf dem Instrumentenbrett immer nur der linke Mausknopf verwendet. Vor- und Nachkommastellen werden getrennt eingestellt. Ist der Zeiger rechts der Ziffer, wird sie erhöht, ist er links, wird die Ziffer erniedrigt.

Eine Mausfunktion des FS II wurde leider nicht in die neue Version übernommen: Früher konnten Sie durch Anklicken des Flugzeugsymbols auf dem Kurskreisel die Blickrichtung aus dem Cockpit bestimmen, dies geht nun aus unerklärlichen Gründen nicht mehr.

Funktion der Maus bei der Grobverstellung

Befindet sich der Flugsimulator im Slew-Modus, dann können Sie mit der Maus die Position des Flugzeuges verändern. Wie im Anhang ersichtlich, bewegen Sie sich vorwärts, wenn Sie die Maus nach vorn schieben, und rückwärts, wenn Sie die Maus zu sich hin bewegen. Druck auf die linke Maustaste stoppt jede Bewegung. Schieben Sie die Maus nach rechts, dann dreht sich das Flugzeug nach rechts; entsprechendes gilt, wenn Sie die Maus nach links schieben.

13
Weitere Möglichkeiten

13.1 World War 1

Im Mode-Menü finden Sie unter dem Punkt Entertainment diese Option des Flugsimulators. Sie simuliert den Luftkrieg zwischen Engländern und Deutschen im Jahr 1917. Sie starten als englischer Pilot, müssen einen Fluß überfliegen, dem Gegner den Krieg erklären und feindliche Ziele bombardieren. Dabei werden Sie von deutschen Fliegern angegriffen, derer Sie sich mit Ihrer Bordkanone erwehren können (Leertaste). Denken Sie rechtzeitig an den Rückzug, Ihr Spritvorrat ist begrenzt! Eine faire Chance gegen die deutschen Jäger haben Sie nur mit Joysticks. Ohne Steuerknüppel ist Ihr Flugzeug zu träge, und Ihre Lebenserwartung ist mit der einer Eintagsfliege vergleichbar.

Vorteile haben hier natürlich die schon etwas erfahreneren Simulatorpiloten, die bereits die Kunstflugfiguren aus dem nächsten Abschnitt beherrschen.

Wie im richtigen Leben, bringt ein getroffenes Ziel eine bestimmte Anzahl von Punkten: Ein Depot wird mit 2, eine Fabrik mit 4 Punkten bewertet. Verglichen mit der Mühe, ein Flugzeug abzuschießen (1 Punkt), ist es relativ einfach, auf diese Weise Punkte zu sammeln.

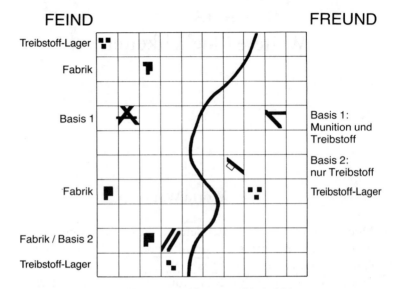

Bild 13.1 World-War-1-Schlachtfeld

Hilfreich beim Aufspüren feindlicher Flugzeuge ist das *attack radar*, das jetzt auf dem Instrumentenpanel erscheint. Feindliche Flugzeuge, die in gleicher Höhe fliegen, werden andersfarbig dargestellt.

Zur Orientierung benutzen Sie die Skizze des Schlachtfeldes (Bild 13.1) oder gegebenenfalls die Radarsicht.

Die Tastaturbelegung sieht wie folgt aus:
- ☐ Krieg erklären   \<W\>
- ☐ Bordkanone   \<Space\>
- ☐ Bombardieren   \<X\>
- ☐ Kriegsbericht   \<R\>

13.2 Kunstflug

Wie eingangs des Buches bereits erwähnt, sehen wir wenig Sinn im Trainieren von Kunstflugfiguren mit einem Flugsimulationsprogramm wie dem Microsoft Flight Simulator. Die neuen Möglichkeiten des FS III gegenüber dem alten FS II lassen es aber zu, sich selbst beim Fliegen zuzuschauen, indem man im VIEW-Menü die Option SET TOWER oder SET SPOT PLANE aktiviert. Modellpiloten (gemeint sind hier Flugzeugmodellpiloten) können also den FS III dazu benutzen, ein wenig Kunstflug zu trainieren, bevor sie die in vielen Stunden mühsam zusammengebauten Modelle den Gefahren des wirklichen Lebens aussetzen.

Falls Sie nur einmal einen kurzen Eindruck davon gewinnen wollen, was sich bei Kunstflugmanövern auf dem Bildschirm abspielt, können Sie sich auch im MODE-Menü mit der Option 3 (Flight Instruction) einige Lektionen in Aerobatics verpassen lassen.

Doch nun zu den eigentlichen Manövern. Sie haben, wie so vieles in der Menschheitsgeschichte, einen militärischen Ursprung. Der Rote Baron, wie auch seine Kollegen, schoß gegnerische Flugzeuge ab, indem er sich hinter sie setzte und seine Bordkanone auslöste. Ziel des vornweg Fliegenden mußte es also sein, möglichst schnell aus dem Schußbereich und gleichzeitig hinter den Gegner zu gelangen, um ihm das zu bereiten, was eigentlich sein eigenes Schicksal werden sollte.

Der Angriff von Bodenzielen erforderte ebenfalls Manöver, die nach dem Überflug und dem Beschuß des Zieles einen möglichst schnellen zweiten Angriff ermöglichten.

Wenn Sie diese Figuren trainieren wollen, können Sie die erworbenen Fähigkeiten gleich bei einem Luftkampf in World War 1 nachvollziehen.

Schauen Sie sich unter den vorgenannten Aspekten einmal die folgenden Kunstflugfiguren an.

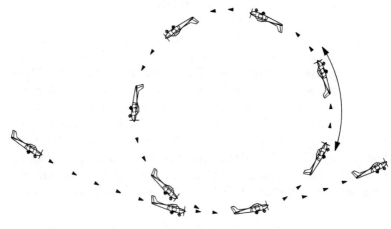

Bild 13.2 Looping

13.2.1 Looping

Der Looping – oder auch einfach «Loop» genannt – ist wohl das bekannteste Manöver (Bild 13.2). Man sollte dieses Manöver – wie die anderen auch – in mindestens 6000 ft Höhe einleiten. Man beginnt, indem man die Nase auf ca. −5 Grad senkt und die Geschwindigkeit auf 200 Knoten steigen läßt. Nun zieht man nicht zu ruckartig am Höhenruder, bis es ca. ¾ ausgelenkt ist. Sobald die Nase über den Horizont angehoben ist und die Geschwindigkeit zurückgehen will, gibt man Vollgas. Am oberen Punkt des Loopings sieht man die Erde wieder erscheinen, diesmal aber im Kopfstand. Die Geschwindigkeit ist auf ca. 80 kts abgefallen. Wenn wir nun den Sturzflug beginnen und die Geschwindigkeit wieder steigt, nimmt man das Gas bis auf Leerlauf zurück, da man sonst zu schnell würde. Ebenso muß das Höhenruder etwas entlastet werden, da aufgrund der geringeren Eigengeschwindigkeit der Kurvenradius kleiner wäre und aus dem Loop ein «Egg» würde.

Haben wir die normale Fluglage wieder erreicht, geben wir erneut Gas und führen unseren normalen Flug fort.

Falls in einem Luftkampf (engl. dogfight) ein Gegner hinter Ihnen wäre, Sie in eine kleine Wolke eintauchen würden, so daß Ihr Hintermann Sie nicht mehr in Sicht hätte, und Sie anschließend einen Loop fliegen würden, hätten Sie alle Chancen, ihn nun vor der Kanone zu haben.

13.2.2 Immelmann

Dieses Manöver ist nach MAX IMMELMANN, einem deutschen Flieger-As, benannt. Es ist quasi ein halber Loop mit anschließender halber Rolle (Bild 13.3). Der Immelmann wird eingeleitet wie der Loop. Ist man am oberen Punkt angelangt, lenkt man das Querruder in die gewünschte Richtung aus und rollt aus dem Rückenflug in die normale Fluglage. Man braucht jetzt nur noch die Motorleistung auf den gewünschten Wert zu reduzieren und hat damit das Manöver beendet.

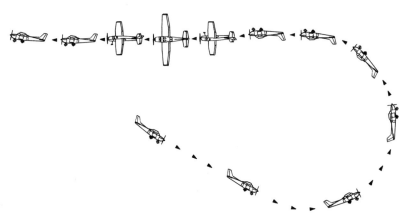

Bild 13.3 Immelmann

Weitere Möglichkeiten

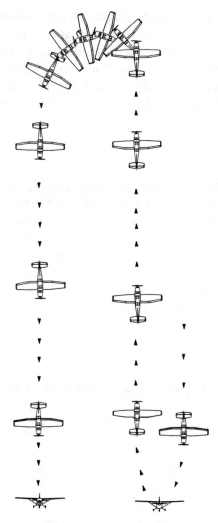

Bild 13.4 Hammerhead

13.2.3 Hammerhead

Der Hammerhead erlaubt eine 180-Grad-Kursänderung bei geringstem horizontalen Platzbedarf. Er wird ebenso wie ein Looping eingeleitet. Zeigt die Flugzeugnase senkrecht in den Himmel, wird diese Fluglage beibehalten, bis sich die Fluggeschwindigkeit auf ca. 80 kts verringert hat. Nun tritt man kräftig in das gewünschte Seitenruder (Bild 13.4). Das Flugzeug dreht sich fast auf der Stelle um seine Hochachse. Zeigt die Flugzeugnase wieder in Richtung Boden, wird das Seitenruder losgelassen, und man befindet sich quasi wieder in der gleichen Fluglage wie im letzten Viertel des Loops.

Der Hammerhead wird also in der gleichen Höhe, aber auf Gegenkurs zur Ausgangssituation beendet.

13.2.4 Split-S

Das Split-S ist fast das Gegenstück zum Immelmann. Man beginnt das Manöver aus dem normalen Geradeausflug. Eingeleitet wird es mit einer halben Rolle. Sobald man sich im Rückenflug befindet, zieht man Höhenruder und nimmt das Gas weg. Man befindet sich damit in der zweiten Hälfte eines Loopings und beendet das Manöver auch fast genauso (Bild 13.5).

Beim Split-S befindet man sich am Ende auf Gegenkurs und hat dabei eine gewisse Höhe verloren. Wenn man dieses Manöver perfekt beherrscht, kann man den Kurvenradius so genau bestimmen, daß man bei einer gewissen Mindesthöhe bei Beginn erst knapp über dem Boden die Maschine abfangen kann. Der Verfolger, der dies nicht so beherrscht und die Verfolgung nicht aufgibt, fliegt dann unweigerlich in den Boden.

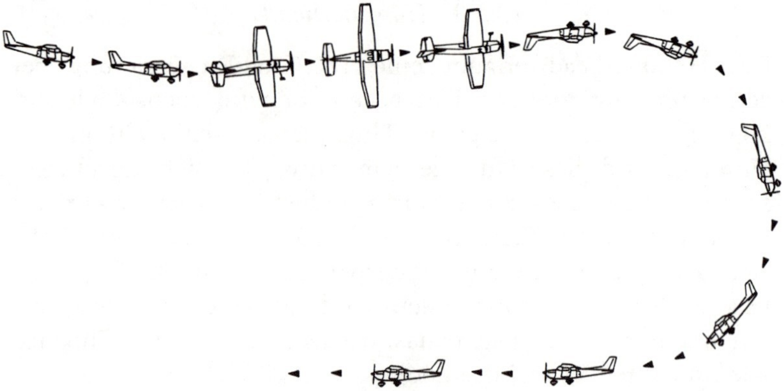

Bild 13.5 Split-S

13.3 JET

Zu guter Letzt wollen wir noch einen Exkurs in die moderne Militärfliegerei machen. Das Sublogic-Flugsimulationsprogramm JET hat zwar mit dem FS III wenig gemeinsam, wir wollen hier aber doch kurz darauf eingehen, da die Europa-Diskette auch mit diesem Programm verwendbar ist. Außerdem soll demnächst eine EGA-fähige Version dieser Simulation auf dem Markt erscheinen, die somit FS-III-ähnlich sein wird.

Man ruft den JET auf, in dem man A>JET eingibt mit evtl. nachfolgender Bezeichnung der Grafikkarte, also JET H für Hercules-kompatible Adapter bzw. JET E für EGA-fähige Adapterkarten.

Nachdem man im Eingangsmenü Flugzeugtyp, Spielstärke und gewünschte Spielart eingegeben hat, ist man auf die Tastatur angewiesen. Zur Übersicht hier die Tastaturbelegung (Bild 13.6).

Ihnen werden einige Tastenfunktionen aus der FS-III-Praxis bekannt sein.

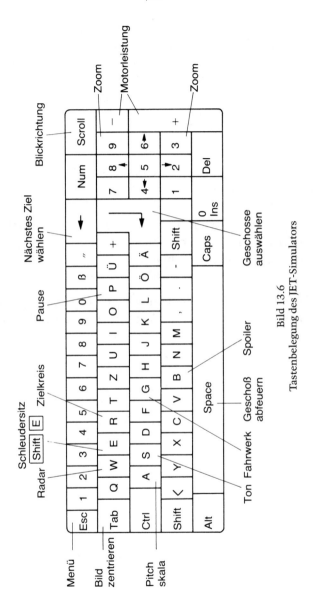

Bild 13.6
Tastenbelegung des JET-Simulators

Die Instrumentierung des Jets ist zweifelsohne etwas dürftig ausgefallen. Die Geschwindigkeitsanzeige findet man am linken Bildrand in Mach, also eine Geschwindigkeitsanzeige bezogen auf die Schallgeschwindigkeit. Der Höhenmesser ist am rechten Bildrand zu finden. In einer Zeile am unteren Bildrand wird man der Reihe nach über folgende Werte informiert:

- [ ] die Fluzeugbelastung in g, also bezogen auf die normale Erdbeschleunigung,
- [ ] den Schub in Prozent des maximalen Schubes,
- [ ] Nachbrenner ein oder aus,
- [ ] gewählte Waffenart,
- [ ] verbleibender Treibstoff in Prozent des Gesamttreibstoffs,
- [ ] aus- oder eingefahrene Speedbrake,
- [ ] aus- oder eingefahrenes Fahrwerk,
- [ ] Zoomfaktor.

Zusätzlich kann noch ein Radardisplay eingeblendet werden.

Die Sicht aus dem Cockpit kann man mit der bekannten Kombination von <Scroll Lock> und den Cursortasten umschalten.

Wer nun den Spaß haben will, den Frankfurter Flughafen mit einer F 16 in zweifacher Schallgeschwindigkeit zu überfliegen, der muß jetzt die Scenery disk Europa laden.

Dazu ist es notwendig, im Startup-Menü III (Mode) die Option 5 (load scenery disk) zu wählen. Es erscheint:

```
ENTER STARTING LOCATION
NORTH = 00000
EAST   = 00000
```

Nun muß die Europa-Diskette in das A-Laufwerk geschoben und die gewünschte Position eingegeben werden.

Dem gewünschten Rundflug steht nun nichts mehr im Wege.

13.4 Navigator   *Zusatzprogramm*

Für den Flight Simulator gibt es schon seit geraumer Zeit zusätzliche Hardware, die das Fliegen erleichtern soll. Nun gibt es auch ein Softwaretool aus dem DMV-Verlag, Eschwege, mit dem Namen «Navigator». Die Programmierer haben es sich zum Ziel gesetzt, das Fliegen mit dem Simulator realitätsnäher ablaufen zu lassen.

Vor der Durchführung eines jeden Fluges kommt in der Praxis die Flugplanung, d. h., die Flugstrecke wird festgelegt und eine entsprechende Beratung über die Wettersituation am Start- und Landeplatz sowie auf der Flugstrecke eingeholt. Nun wird die erforderliche Treibstoffmenge festgelegt und ein Flugplan aufgegeben. Anschließend meldet sich der Pilot bei der Luftaufsicht ab und begibt sich zu seinem Flugzeug.

Diese Abläufe sollen mit dem Navigator nachvollzogen werden. Das Programm ist keine Software, die im Hintergrund arbeitet und während des Fliegens aufgerufen werden kann, sondern man muß den Navigator vor Antritt des Fluges beanspruchen. Nach dem Aufruf des Programms erscheint das Eingangsmenü, in dem die Optionen

- ☐ Erstelle neuen Wetterbericht,
- ☐ Zeige aktuellen Wetterbericht,
- ☐ Flight-Simulator-Menüs,
- ☐ Navigation und Flugplanung,
- ☐ Konfiguriere Navigator und
- ☐ Rückkehr zum DOS

angeboten werden. Die Auswahl geschieht mit Leuchtbalken, die über die Pfeiltasten bewegt werden. Die jeweils erforderliche Option wird dabei vorgegeben.

Es geht los mit *«Erstelle neuen Wetterbericht»*. Hier muß der entsprechende Flugplatz ausgewählt werden. Dazu hat man die

Wahl unter allen verfügbaren Scenery disks, aber mit jeweils nur 45 Flugplätzen. Auch eigene Flugplatzdateien können mit einem Editor erstellt werden.

Als Beispiel planen wir einen Flug von Meigs Airfield nach Champaign Willard. Nach der Auswahl der beiden Flugplätze wird der Wetterbericht ausgegeben (Bild 13.7). Das nächste Bild zeigt eine grafische Darstellung der Wolkenfelder (Bild 13.8). Nun ist also der Wetterbericht eingeholt worden, und es kann weitergehen mit der «*Navigation und Flugplanung*». Dieser

<Wetterbericht>   F1 – Hilfe

Flughafen Meigs Airfield – Wetterbericht

Wind	Obergrenze	Untergrenze	Richtung	Geschwindigkeit	Turbulenz
Schicht 3 MSL	35 590 Fuß	19 590 Fuß	250°	23 Kt	–
Schicht 2 MSL	19 590 Fuß	7 590 Fuß	249°	19 Kt	Faktor 1
Schicht 1 MSL	7 590 Fuß	1 690 Fuß	247°	7 Kt	Faktor 1
Bodenwind AGL	1100 Fuß über Grund		243°	1 Kt	–

Wolken	Obergrenze	Untergrenze	Bedeckung	Abweichung	
Schicht 2 MSL	8 640 Fuß	6 980 Fuß	7/8	220 Fuß	Start um 22:47
Schicht 1 MSL	5 790 Fuß	4 690 Fuß	4/8	190 Fuß	
Gewitter	–	–	–	–	Jahresz. Winter

Bild 13.7 Der Wetterbericht des Navigators *von 1990*

In der Version Navigator 4.0 erfolgt die Datenübergabe an den FS auf Wunsch automatisch, ohne tippen! Auch alle anderen Funktionen wurden verbessert. (z.B. 10 Flugzeugtypen, auch Ausdruck am Drucker ist jetzt möglich!)

<Wetterbericht> F1 – Hilfe

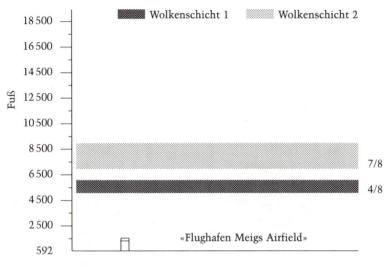

Bild 13.8 Bewölkung am Startflughafen

Menüpunkt ist jetzt hell unterlegt und braucht nur mit <Return> bestätigt zu werden. Zuerst muß natürlich das gewünschte Flugzeug festgelegt werden. Die Wahl zwischen Cessna, Lear Jet oder Sopwith Camel beeinflußt natürlich die Flugzeit.

Als nächstes wird die Reisegeschwindigkeit abgefragt. Hier werden Minimal- und Maximalgeschwindigkeiten vorgegeben, wobei es natürlich Unsinn ist, den Flug mit der Minimalgeschwindigkeit und damit mit voll ausgefahrenen Klappen durchzuführen. Als Reisegeschwindigkeit sind bei der Cessna 120 bis 130 Knoten und beim Lear Jet 400 bis 440 Knoten sinnvoll.

Nun will das Programm wissen, welcher Kurs zwischen den beiden Flugplätzen geflogen werden muß.

Weitere Möglichkeiten

Sind alle Eingaben als korrekt bestätigt worden, gibt das Programm die Reiseflughöhe vor. Dabei wird berücksichtigt, ob nach Sichtflug- oder nach Instrumentenflugregeln geflogen wird (Bild 13.9). Eine Windkarte gibt nun in Abhängigkeit von Wind und Flughöhe die entsprechenden Vorhaltewinkel, Steuerkurse, Geschwindigkeiten über Grund und die Flugzeit an (Bild 13.10).

<Navigation>   F1 – Hilfe

Flughöhenkarte

SICHTFLUG (VFR)	
Kurs 0°–179°	Kurs 180°–359°
FL 35– 3 500 Fuß: gesperrt	FL 25– 2 500 Fuß: gesperrt
FL 55– 5 500 Fuß: gesperrt	FL 45– 4 500 Fuß: gesperrt
FL 75– 7 500 Fuß: gesperrt	FL 65– 6 500 Fuß: gesperrt
FL 95– 9 500 Fuß: gesperrt	FL 85– 8 500 Fuß: gesperrt
FL 155–11 500 Fuß: gesperrt	FL 105–10 500 Fuß: gesperrt
Flugerlaubnis abgelehnt. VFR-Flüge bei Dunkelheit nicht zulässig.	
INSTRUMENTENFLUG (IFR)	
Ihrem Flug wurde eine Instrumentenflughöhe von 4000 Fuß zugeteilt. Flughafen Champaign Willard meldet keine nennenswerte Bewölkung. Gute bis sehr gute Landeanflugbedingungen werden erwartet.	

Bild 13.9   Flughöhen-Karte

<Navigation>   F1 – Hilfe

Windkarte

Kompaß-Kurs: 180 Grad   Eigengeschwindigkeit: 120 Knoten

Höhe (Fuß)	Grund – 1100 ÜG.	1100 ÜG. – 7590 MM.	7590 – 19 590 MM.	19 590 – 35 590 MM.
Windbedingungen	243 mit 1	247 mit 7	249 mit 19	250 mit 23
Vorhaltewinkel	0°	3°	9°	10°
Steuerkurs	180°	183°	189°	190°
Geschwindigkeit ÜG.	120 Knoten	117 Knoten	112 Knoten	110 Knoten
Windeinfluß	0 %	–2 %	–7 %	–8 %
Erwartete Flugzeit	0:57	0:58	1:00	1:01

Bild 13.10   Wind-Karte

Nun wird noch eine Windkorrekturtabelle und ein Sinkflugprofil für den Anflug am Zielflughafen ausgegeben. Auch hier wird wieder in Abhängigkeit vom Wind der Steuerkurs für den Endanflug errechnet. Abschließend wird der Flugplan ausgegeben (Bild 13.11), nach dem dieser Flug durchgeführt werden soll.

Nach der Flugplanung befindet man sich wieder im Hauptmenü und wird durch den Leuchtbalken aufgefordert, den Menüpunkt «*Flight-Simulator-Menüs*» zu wählen. Hier werden die Daten ausgegeben, mit denen später der FS III gefüttert werden muß, um die geplanten Bedingungen herzustellen. Dies betrifft das Umwelt-(Enviro-)Menü sowie das NAV/KOM-Menü. Nun kann es also (fast) losgehen! Die Fülle der Daten hat man jetzt natürlich nicht mehr im Kopf. Wer sich keine Hardcopies vom Bildschirm gemacht hat, wiederholt den bisherigen Ablauf und holt das ganz schnell nach. Nun kann man – mit neun Ausdrucken bewaffnet – gut vorbereitet und beruhigt das Programm verlassen und seinen Flug antreten.

FLUGPLAN		Flugregeln I.F.R.		LFZ-Kennung Cessna Skylane		F1–
Startflughafen		Höhe	ATIS	–	VOR	Hilfe
Meigs Airfield		592 Fuß	121.30		n. a.	
Voraussichtl. Startzeit			Geschw.	–	Flughöhe	
22:47			0120		4000 Fuß	
Zielflughafen		Höhe	ATIS	–	VOR	
Champaign Willard		754 Fuß	124.85		110.00	
Vorauss. Ankunftszeit			Flugdauer		Flugstrecke	
23:45			0:58		113 nm.	
Sichtverhältnisse				Datum		
Basis: 4690 – Obergrenze: 8640				12/12/1989		

Bild 13.11 Flugplan

14
Fliegen mit dem Flight Simulator IV

Die übliche Inflation neuer Versionen bei Text- und Datenbank-Programmen hat nun auch den Sublogic/Microsoft-Flugsimulator ergriffen. Kaum ist in Deutschland die Version III erschienen, bekommt man in den USA bereits die Version IV im Softwarehandel. Mit der Aufschrift

«NEW VERSION. More realistic than ever before!»

macht das Programm natürlich neugierig.

Das Laden des Programms geschieht wie gewohnt mit dem Kommando <FS>, wobei eine Abfrage der gewünschten Systemparameter wie z. B. Grafikadapter oder Art der Tastatur erfolgt. Neu bei dieser Installationssequenz sind die Fragen

- ☐ nach dem verwendeten Prozessor,
- ☐ ob die Systemzeit als Simulatorzeit übernommen werden soll; der Blick aus dem Fenster und der Blick aus dem Cockpit zeigen also die gleiche Tageszeit,
- ☐ ob dynamische Szenerie und variables Wetter verwendet werden sollen und
- ☐ ob ein oder mehrere Joysticks gewünscht werden.

Sparen kann man sich diese Abfragen wieder, indem man <FS4> eingibt. Nach kurzer Zeit erscheint die altbekannte

Szenerie des kleinen Flugplatzes «Meigs Airfield», der geradewegs an der berüchtigten Eastside von Chicago liegt. Die Gebäude sind etwas detailgetreuer dargestellt, und die Anzahl der sichtbaren Gebäude hat sich von sechs auf acht erhöht. Auch Meigs Tower ist nun einprogrammiert und erstrahlt in hellem Gelb. Damit scheint es auf den ersten Blick genug zu sein. Doch halt, da bewegte sich doch etwas! Auf dem Rollweg zur Startbahn 36 kommt uns ein Flugzeug entgegengerollt.

Tatsächlich, die Fliegerei mit dem Flight Simulator ist lebendiger geworden. Das ist also die dynamische Szenerie, nach der in der Startup-Sequenz gefragt wird. Wenn man den Blick zum Horizont schweifen läßt, entdeckt man einige sich bewegende Punkte, die den Entdeckertrieb wachwerden lassen. Doch zuerst kümmern wir uns um den Airportverkehr. Alle Versuche, das andere Flugzeug mit der MAP-Funktion sichtbar zu machen, schlagen fehl. Lediglich der Blick aus dem Fenster nutzt etwas. Hat unser elektronischer Konkurrent die Halteposition erreicht, hält er keineswegs an, um die Freigabe des Towers oder etwa unseren Start abzuwarten, sondern rollt geradewegs durch uns hindurch und beginnt seinen Take-off. Wenn man nun schnell Gas gibt, kann man seinen Fliegerkameraden durch den elektronischen Luftraum verfolgen.

Die dynamische Szenerie erzeugt also regelrechte «Fata Morganas», die in der Wirklichkeit des Flugsimulators keinerlei Auswirkungen haben.

Eine weitere – auf den ersten Blick nicht auffällige – Änderung hat der künstliche Horizont erfahren. Wie bei den echten Instrumenten ist nun ein Flugzeugsymbol dargestellt, an dem die Lage des Flugzeuges im Raum besser abgelesen werden kann. Leider ist dieser Veränderung die Skala für Pitch – also die Lage der Flugzeugnase zum Horizont – zum Opfer gefallen.

Wir wollen nun die Flugeigenschaften des neuen Simulators kennenlernen. Dazu fliegen wir erst mal eine Platzrunde. Wir geben Vollgas. Ein Blick auf den Drehzahlmesser zeigt uns nun einen «genaueren» Wert von 2358 RPM. Bei etwa 80 Knoten nehmen wir die Nase leicht hoch und heben ab. Das Fahrwerk wird eingefahren. Die Steigrate ist etwas schwächer (ca. 1000 ft/min) als beim FS III (ca. 1500 ft/min), jedoch ist dies für eine Cessna 182 etwas realistischer. Bei 500 Fuß wird die «Climb Power» von 2100 RPM gesetzt. Bei Erreichen der Platzrundenhöhe stellen wir eine Motordrehzahl von etwa 1700 RPM ein und kurven auf den Gegenanflug ein. Die Einleitung der Kurve sowie das Ausrollen auf dem gewünschten Kurs wirken wesentlich realistischer. Die Empfindlichkeit auf Ruderausschläge ist größer geworden, und die Trägheit der Maschine um die Rollachse ist besser simuliert. Nimmt man das Seitenruder in die Neutralstellung, so rollt die Maschine nicht schlagartig aus, sondern schwenkt noch einen Sekundenbruchteil nach. Gott sei Dank ist auch ein echter «Bug» der Version III beseitigt worden. Beim vehementen Einleiten von Kurven und beim Fliegen von Steilkurven wollte der FS III völlig unrealistisch steigen. Die Version IV dagegen reagiert auf Schräglagen brav mit einem Senken der Flugzeugnase.

Beim stabilen Geradeausflug muß man die Nase etwas herunterdrücken, was sich am ECPI ablesen läßt. Etwas «Nose down trim» beseitigt dieses. Die Trimmung funktioniert gut, lediglich bei der Verwendung eines Joysticks ist die Höhenruder-Trimmung etwas ruppig.

Zurück zur Platzrunde. Auf dem Gegenanflug hat man einen sehr schönen Blick aus dem Seitenfenster auf Meigs Field. Die Darstellung ist etwas detailgetreuer geworden, der Tower hat auf seinem Dach ein Blinklicht, und auch an der Landebahnschwelle sieht man die Befeuerung aufblitzen. Ein Blick auf den Lake Michigan zeigt uns zwei Segelboote, die vor dem Flughafen kreuzen. Auf dem Endanflug angekommen, werden das Fahrwerk und die Klappenstellung überprüft. Jetzt können wir vom

Tower die Landefreigabe anfordern. Links von der Aufsetzzone sind ein roter und ein weißer Punkt zu erkennen. Hier wurde also endlich ein VASI (Visual Approach Slope Indicator, zu deutsch etwa «sichtbarer Gleitpfad») einprogrammiert. Das untere der beiden Lichter muß rot, das obere weiß sein, dann sind wir genau auf dem Gleitpfad. Sind wir zu hoch, zeigen beide weißes Licht; wenn wir zu tief anfliegen, sind beide rot.

Nach einer Landung ohne Hals- und Beinbruch kann man feststellen, daß vor allem die Verbesserungen der Simulation und der Grafik den Flugsimulator merklich attraktiver gemacht haben.

Als nächstes wollen wir in den anwählbaren Menüs herumstöbern, um dort die Neuerungen aufzuspüren.

14.1 Mode-Menü

Auf den ersten Blick ist hier alles beim alten geblieben. Lediglich ein Ausprobieren der Optionen «A – Plane» und «E – Aircraft Library» bringt Neues zutage. Zu den bereits bekannten Flugzeugen Cessna 182, Lear Jet 25 und Sopwith Camel haben sich ein Segelflugzeug und ein *Experimental Aircraft* hinzugesellt.

Unter *Experimental Aircraft* können sich hierzulande die wenigsten etwas vorstellen. Die Luftfahrtgesetze der Bundesrepublik lassen nur zugelassene und geprüfte Flugzeuge in die Luft. In den USA ist es jedoch möglich, eigene Flugzeugkonstruktionen als «Experimental» zuzulassen und zu fliegen.

Schauen wir uns also dieses Flugzeug näher an. Im Mode-Menü erscheint sofort ein weiterer Punkt «I – Aircraft Design».

Wählt man diesen an, fühlt man sich in ein Konstruktionsbüro versetzt. Es ist hier möglich, sein eigenes Flugzeug zu konstruieren, abzuspeichern und mit diesem auf künftige Simulatorausflüge zu gehen.

14.1.I Flugzeugkonstruktion – Aircraft Design

Mit drei neuen Bildschirmmenüs können Sie Ihr eigenes Flugzeug konstruieren und dann risikolos probefliegen. Alle wichtigen aerodynamischen Eigenschaften wie Spannweite und V-Form der Tragflächen oder die Position des Höhenleitwerks können hier bestimmt werden. Die Art des Antriebs und die Leistung sind einstellbar, und schließlich können Sie das Flugzeug in Farben Ihrer Wahl lackieren. Um Ihr fliegendes Machwerk von allen Seiten betrachten zu können, läßt es sich um seine drei Achsen im Raum drehen.

Unter den Buchstaben A bis G werden die 7 wichtigsten Designparameter verändert. Die ersten vier Parameter definieren die Tragflächen – Main Wings:

14.1.I.A V-Form (Grad) – Dihedral (Degree)

Die V-Form bestimmt ganz wesentlich die Stabilität des (Geradeaus)flugs. Durch die V-Form geht ein Flugzeug auch ohne Ruderkorrektur von allein wieder in den Geradeausflug über. Die Winkel der V-Stellung bewegen sich um ± 10 Grad. Die V-Stellung ist positiv, wenn die Flügelspitze über der Wurzel liegt.

Der Bereich, in dem sich die V-Form variieren läßt, ist auf 19 Grad begrenzt.

14.1.I.B Spannweite (Feed) – Span in Feed

Hier definieren Sie die Spannweite des Flugzeuges bis zu einem Maximalwert von 100 ft, also etwa 30 Metern.

14.1.I.C Streckung – Aspekt Ratio

Die Streckung gibt das Verhältnis von Spannweite zur Flächentiefe an. Je größer die Streckung, desto größer und schmaler wird der Flügel. Mit diesem Wert wird der erforderliche Druckunterschied zwischen Ober- und Unterseite des Flügels beeinflußt. Der Druckausgleich an den Flügelspitzen führt zu Verwirbelungen der Strömung und zu dem sog. «induzierten Widerstand». Flügel mit großer Streckung haben einen geringeren induzierten Widerstand.

Die Streckung kann in dem weiten Bereich zwischen 0,02 bis 279,99 verändert werden.

14.1.I.D Winglets

Winglets sind kleine senkrecht stehende Flächen an den Tragflächenspitzen. Diese Winglets verhindern den Druckausgleich zwischen Flügelober- und -unterseite und verringern damit auch den induzierten Widerstand.

Die nächsten drei Punkte beziehen sich auf das Leitwerk:

14.1.I.E Seitenleitwerk – Tail Area

Hier bestimmen Sie die Größe der Fläche des Seitenleitwerks. Die Längsstabilität wird durch diesen Wert beeinflußt.

14.1.I.F Pos. Höhenleitwerk – Horiz. Stab Position

Die Position des Höhenleitwerks, von der Nase des Flugzeuges aus gemessen, wird mit diesem Parameter festgelegt.

14.1.I.G Fläche Höhenleitwerk – Horiz. Stab Area

Analog zu 1.I.E wird hier die Fläche des Höhenleitwerks definiert. Je weiter die Position des Höhenleitwerks vom Schwerpunkt entfernt ist, desto kleiner kann diese Fläche sein.

14.1.I.H Antrieb – Propulsion

Ihr Flugzeug kann wahlweise mit einem Kolben- oder Strahltriebwerk ausgerüstet werden. Diese Wahl beeinflußt auch das Aussehen des Flugzeugs. Wählt man einen Jet-Antrieb, so erscheint ein Jagdflugzeug auf dem Konstruktionstisch. Ökologisch orientierte Zeitgenossen können auch ganz auf einen Antrieb verzichten und dann im Segelflugzeug einen Müsliriegel knabbern.

14.1.I.I Motorleistung – Power

Die Motorleistung kann zwischen 10 bis 1500 PS eingestellt werden. Verpaßt man der normalen Cessna einen solchen Motor, rollt das Flugzeug im Leerlauf bereits los und beginnt bei voller Leistung anschließend Loopings zu fliegen.

14.1.I.J Farbwahl – Color Design

In einem weiteren Bildschirmmenü können die Flugzeugteile in unterschiedlichen Farben angemalt werden.

14.1.I.K Zusätzliche Werte – Additional Parameters

Diese Funktion führt auf ein weiteres Bildschirmmenü, in dem weitere Parameter bestimmt werden:

14.1.I.K.A Leergewicht – Dry Weight

Dies ist das Gewicht des Flugzeuges ohne den zum Betrieb notwendigen Ballast, wie z. B. Crew, Treibstoff und Schmierstoffe.

14.1.I.K.B Tankkapazität (Gallonen) – Fuel Capacity Gal

Die Treibstoffkapazität muß so festgelegt werden, daß sich nach Berücksichtigung aller Komponenten – wie z. B. Nutzlast und maximales Startgewicht – die gewünschte Reichweite ergibt.

14.1.I.K.C Schwerpunkt – Center of Gravity

Im Schwerpunkt des Flugzeuges greift die resultierende Gewichtskraft an.

14.1.I.K.D Druckpunkt – Center of Lift

Die Kräfte, die sich aus der Druckverteilung an der Tragfläche ergeben, kann man in einer Resultierenden zusammenfassen. Diese Resultierende greift im Druckpunkt an.

Damit die neue Flugzeugkonstruktion der Nachwelt erhalten bleibt, kann sie auf der Diskette gespeichert werden.

14.1.I.K.E Flugzeugname – Aircraft Name

Taufen Sie Ihre Schöpfung nun auf einen schönen Namen. Unter diesem Namen ist sie nach dem Speichern im Flugzeugverzeichnis zu finden.

14.1.I.K.F Dateiname – File Name

Unter diesem Namen werden die Konstruktionsdaten der Maschine auf der Diskette gespeichert.

14.1.I.K.G Flugzeug abspeichern – Save Aircraft to Disk

Damit werden die Daten auf die Platte geschrieben.

14.1.I.K.H Stirnfläche – Frontal Area (sq FT)

Die aerodynamischen Eigenschaften, insbesondere der Luftwiderstand, werden durch die Stirnfläche beeinflußt (siehe auch Kapitel 1.3). Hier legen Sie diesen Wert fest.

14.1.I.K.I Fahrwerk – Gear

Hier können Sie bestimmen, ob das Flugzeug über ein starres oder ein Einziehfahrwerk verfügen soll.

14.1.I.X Entwurf zurücksetzen – Reset Design Parameters

Alle Parameter, die verändert wurden, werden wieder auf ihren ursprünglichen Wert zurückgesetzt.

14.2 Views-Menü

Das Menü 2.E wurde um zwei Schalter erweitert. Im Gegensatz zu anderen Funktionen wird der Zustand aber nicht durch ein Pluszeichen vor der Funktion gezeigt, sondern durch on/off hinter der Funktion.

14.2.E.3 Eig. Flugzeug sehen – See own Aircraft on/off

Wenn Sie nach hinten aus der Kabine sehen, stört nun bei ausgeschalteter Option kein Seitenleitwerk mehr Ihre Aussicht. Das Flugzeug bleibt aber im Spot- und Track-Modus weiter sichtbar.

14.2.E.4 Anflugfeuer an/aus – Approach Lighting on/off

Damit schalten Sie die Anflug- und Landebahnlichter an oder aus. Diese Option sollte aber immer auf «ON» stehen, da diese jetzt installierten Landehilfen doch sehr brauchbar sind.

14.3 Enviro-Menü

Hier finden Sie zwei neue Menüpunkte:

☐ Weather Generator und
☐ Dynamic Scenery.

Der Wettergenerator kann – durch einen Zufallsgenerator gesteuert – realistische Wetterveränderungen durchführen, wie z. B. das Anwachsen und Auflösen von Wolken, Bewegen von Schlechtwetterfronten, Verändern des Windes mit der Höhe

Enviro-Menü

sowie dem Erzeugen von Turbulenzen. Die durch den Wettergenerator erzeugten Wolken wirken viel realistischer als die «Luftballons» des FS III.

Die dynamische Szenerie kann man in fünf verschiedenen Punkten variieren:

☐ Die Häufigkeit ist veränderbar zwischen spärlich, mittel und komplex.
☐ Die Art des Verkehrs ist wählbar unter
  – Flugzeugen in der Luft,
  – Flugzeugen am Boden,
  – Flugplatzverkehr (z. B. Tankwagen) und
  – Verkehr außerhalb des Airports.

Diese dynamische Szenerie ist offensichtlich nur in San Francisco, Chicago O'Hare und Meigs verwirklicht. Selbstverständlich beansprucht diese Option einen guten Teil der Rechenleistung, deshalb ist die Bildwiederholrate je nach Beanspruchung unterschiedlich. Bemerkenswert ist dabei, daß sogar der Schatten der Flugzeuge mit berechnet und dargestellt wird.

14.3.D Wetter – Weather Generator

Unter dem Menü 3.D finden wir vier Punkte, die an- und ausgeschaltet werden können:

14.3.D.1 Wolken entstehen – Cloud Build up

Es entstehen und vergehen Wolken, die jetzt viel realistischer aussehen.

14.3.D.2 Wetterfront in Bewegung – Front Drift

Das Wetter ist, wie sattsam bekannt, nicht statisch. Diesem wird nun auch beim Flight Simulator Rechnung getragen. Durch die Front Drift folgt nun auf Regen auch im Computer wieder Sonnenschein.

14.3.D.3 Windänderung – Wind changes

Die Windrichtung ändert sich, beim Landeanflug sollten Sie regelmäßig die ATIS abhören, damit Sie auf dem laufenden bleiben.

14.3.D.4 Turbulenzen – Turbulence Layers

Das Flugzeug gerät in Turbulenzen und wird kräftig geschüttelt, es ist nicht einfach die Maschine auf Kurs zu halten.

14.3.E Dynamische Umgebung – Dynamic Scenery

Im Menü 3.E werden die anderen – automatischen – Verkehrsteilnehmer zu- oder abgeschaltet. Die fünf Punkte im einzelnen:

14.3.E.1 Umgebungsaktivität – Scenery Frequency

Hier kann man zwischen wenig (sparse), mittel (medium) und viel (complex) wählen und damit bestimmen, wieviel kostbare Rechenzeit der Computer dazu verwendet, in der Umgebung Flugzeuge, Fahrzeuge und Boote zu bewegen.

14.3.E.2 Flugverkehr – Air Traffic

Mit diesem Schalter wird der Flugverkehr rund um den Flugplatz ein- oder abgeschaltet.

14.3.E.3 Flugzeuge am Boden – Airport Aircraft Ground Traffic

Hier wird bestimmt, ob Flugzeuge am Boden stehen oder zum Start rollen.

14.3.E.4 Flugzeug-Servicefahrzeuge – Airport Service Traffic

Auf Meigs Airfield steht Ihnen eine ganze Flotte von Tankwagen zur Verfügung – oder auch nicht, wenn Sie hier abschalten.

14.3.E.5 Verschied. Verkehr – Misc. Traffic Outside Airports

Damit sind die Segelboote gemeint, die bei Wind um den Flugplatz von Meigs kreuzen, oder auch der Ballon, den man in der Demo sieht.

14.4 Sim-Menü

In diesem Menü ist nichts Neues zu finden.

14.5 NAV/KOM-Menü

Hier findet sich auf den ersten Eindruck nicht Neues. Der Menüpunkt «*Air traffic control communications*» ist jedoch überarbeitet worden. Man kann jetzt eine Freigabe zur Landung oder zum Start beim Tower beantragen. Hier ist die Welt der Fliegerei noch in Ordnung. Wenn man eine Freigabe beantragt, kommt postwendend die entsprechende positive Antwort. Ein Umstand, der in letzter Zeit in der harten Realität nicht immer der Fall ist.

Unsinnige Anfragen, wie z. B. die Bitte nach Landeerlaubnis, wenn man ohnehin am Boden steht, werden nicht abgefangen, sondern brav mit «... you are cleared to land» quittiert.

14.5.7 *Air Traffic Control Communication*

Mit diesem Menüpunkt schaltet man die Option ein und aus. Ist sie eingeschaltet, wird die <Return>-Taste als Mikrofonknopf benutzt. Nach kurzem Betätigen während des normalen Fliegens erscheint ein Fenster, in dem man

1. Request to Take-off oder
2. Request to Land

wählen kann. Mit <Insert> sendet man dann seinen Funkspruch ab. Der Tower meldet sich gleich darauf und gibt Anweisungen, wie z. B. der Transponder zu setzen ist.

Anhang

A Tastaturbelegung

Nachfolgend finden Sie die Zusammenfassung der Tastaturbelegung (Bild A.1). Die Bedienung des Slew-Modus ist in Bild A.2 dargestellt.

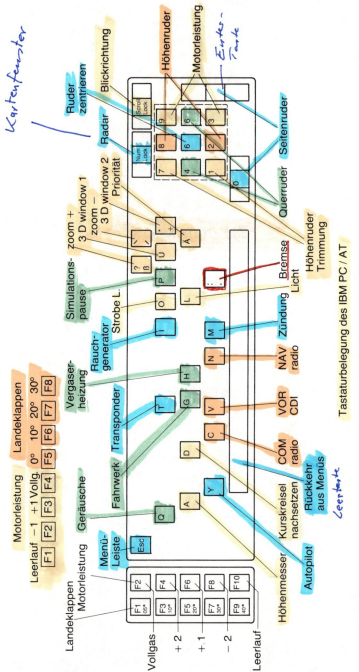

Bild A.1 Tastaturbelegung des IBM PC/AT

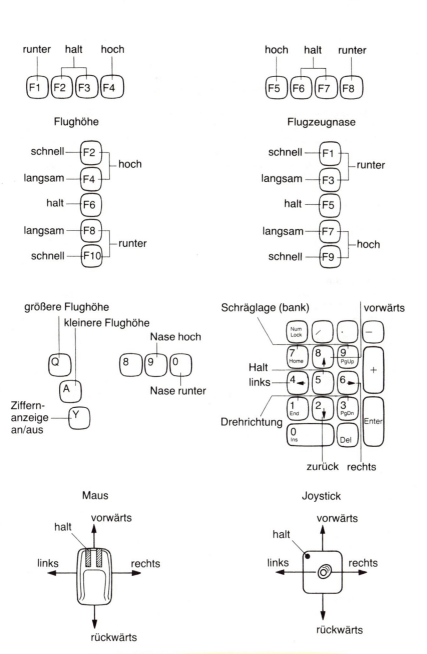

Bild A.2 Belegung der Tastatur für die Funktion Slew

B Checklisten

Eine der wichtigsten Beschäftigungen in einem Flugzeug ist das Lesen von Checklisten. Wir haben hier einige verkürzte – an die Simulatorpraxis angepaßte – Checklisten zusammengestellt. Die Listen haben ihren Namen nach der jeweiligen Situation, in der sie gelesen werden sollen. Sie haben eine Überprüfungsfunktion, d. h., sie sollen gelesen werden, nachdem die entsprechenden Aktionen durchgeführt worden sind. Sie als Anfänger können sie jedoch auch als «do-lists» verwenden, d. h., Sie machen die entsprechenden Aktionen, während Sie die Liste lesen, und benutzen sie so als Leitfaden.

Before Start Checklist
Fuel Selector . . . . fullest tank
Brakes . . . . test and set

Starting Engine
Mixture . . . . rich
Carburator Heat . . . . cold
Magnetos . . . . start

Engine Run-up (Motor- und Zündungstest)
Brakes . . . . set
Throttle . . . . 1700 rpm
Magnetos . . . . left, right, both
(Nach der Umschaltung auf nur einen Zündkreis darf ein Drehzahlabfall von max. 100 rpm entstehen)

Before Take-off Checks
Elevator Trim . . . . take-off
Fuel Selector . . . . fullest tank
Mixture . . . . rich
Carburator Heat . . . . cold
Radios and Instruments . . . . set
Flaps . . . . up

After Take-off Checks
(Gear) . . . . up
Throttle . . . . full
Airspeed . . . . 90 kts

Cruise Checks
Cruise Power . . . . set
Elevator Trim . . . . set

Mixture . . . . lean
(je nach Flughöhe kann das Treibstoff-Luft-Gemisch etwas abgemagert werden)

Approach Checks
Mixture . . . . rich
Carburator Heat . . . . as required
Altimeter . . . . local QNH

Final Checks
Fuel Selector . . . . fullest tank
Mixture . . . . rich
Carburator Heat . . . . on
Flaps . . . . final setting
Gear . . . . down

After Landing
Flaps . . . . up
Carburator Heat . . . . cold

Parking Checks
Parking Brake . . . . set
Mixture . . . . cut-off
Magnetos . . . . off

C Flugkarten

Nachfolgend finden Sie Auszüge aus Original-Luftfahrtkarten, die es Ihnen ermöglichen, mit Unterstützung von Funkfeuern ein bißchen in der Gegend herumzufliegen. Diese Karten sind:

Area Chart München
Area Chart Paris
Area Chart London
Area Chart San Francisco
Low Altitude Enroute Chart Europe No. 6

In den großen Übersichtskarten (Bilder C.1 und C.2) sind die einzelnen europäischen und amerikanischen Areas nochmals zur besseren Orientierung eingezeichnet.

Bild C.1   Flight Areas in den USA

Bild C.2   Flight Areas der Scenery disk Europe

D Flugplatzverzeichnis

Das Simulationsprogramm erlaubt es, über 100 Flugplätze anzufliegen. Welche dies sind, welche Koordinaten sie haben, ob es dort Fuel and Service gibt, ob ein ILS oder eine ATIS vorhanden sind, ist hier aufgeführt. Die Flugplätze sind der Übersichtlichkeit halber nach Areas geordnet.

An die normalerweise verfügbaren 5 Flight Areas sind die Flugplätze der Scenery disk Europa angefügt.

Chicago Area

Flugplatz	Nord	Ost	Höhe	Fuel	ILS	ATIS
Aurora	17152	16393	706			
Bloomington	16593	16246	875			
Champaign	16400	16465	754	F	109,1	124,85
Chicago Midway	17156	16628	619	F		128,05
Chicago O'Hare	17243	16578	667	F	110,5	135,15
Lansing Muni.	17049	16697	614			
Meigs	17189	16671	592	F		121,3
Howel	17100	16627	600			
Schaumburg	17257	16515	795			
Du Page	17213	16466	757			
Danville	16471	16685	695			
Dwight	16874	16404	630			
Frankfort	17025	16596	775			
Gibson City	16594	16461	759			
Joliet Park	17038	16490	582			
Kankakee	16846	16597	625	F		123,0
Monee	16980	16646	786			
Morris Muni.	17004	16413	588			
New Lenox	17025	16571	745			
Paxton	16578	16507	780			
Plainfield	17116	16502	670			
Romeoville	17081	16518	672			
Urbana	16448	16482	735			

ILS Approaches: Champaign ILS 31
Chicago O'Hare ILS 27R

Folgende NDBs können in der Chicago Area noch empfangen werden:

ERMIN	332
DWIGHT	344
VEALS	407
DEANA	350
GLENVIEW	269
KEDZI	248

Los Angeles Area

Flugplatz	Nord	Ost	Höhe	Fuel	ILS	ATIS
Carlsbad	14931	6116	328			
Catalina (Avalon)	15149	5744	1602	F		122,7
Chino	15319	6079	650			
Compton	15334	5859	97			
Corona	15280	6083	533			
El Monte	15397	5952	296			
Fallbrook	15023	6144	708			
Hawthorne	15358	5831	63			
Huntington	15244	5911	28			
La Verne	15378	6038	1011			
Hughes	15386	5808	22	F		132,4
Los Angeles	15374	5805	126	F		133,8
Oceanside	14974	6095	28			
Ontario	15347	6099	952			
Riverside	15288	6141	816			
San Diego	14761	6102	15	F		134,8
Santa Ana	15211	5961	54	F		
Santa Monica	15402	5799	175	F		119,15
Torrance	15308	5815	101			
Van Nuys	15498	5811	799	F	111,3	118,45

ILS Approaches: Van Nuys ILS 16 R

Folgende NDBs sind einprogrammiert:

EL MONTE	359
SWAN LAKE	257
COMPTON	378
ESCONDIDO	374

Flugplatzverzeichnis

New York Area

Flugplatz	Nord	Ost	Höhe	Fuel	ILS	ATIS
Block Island	17352	21749	105	F		123,0
Boston	17899	21853	20	F		119,1
Bridgeport	17287	21249	10	F		120,9
Chester	17404	21434	416			
Danbury	17360	21120	457			
Danielson	17617	21607	239			
Farmingdale	17089	21177	81			
Hartford	17551	21371	19			
Islip	17132	21278	99			
Marthas Viney.	17490	22043	68	F	108,7	121,4
Meriden	17447	21327	102			
New Haven	17339	21322	13			
New York Int.	17034	21065	12	F		119,1
New York Gua.	17091	21026	22			
Oxford	17422	21229	727			
Southbridge	17733	21543	697			
White Plains	17226	21065	439			
Willimantic	17573	21521	246			
Windsor Locks	17638	21351	174			

ILS Approaches: Marthas Vineyard ILS 24

Folgende NDBs sind einprogrammiert:

CHUP	388
BRAINARD	329
MERIDEN	238
WATERBURY	257
BABYLON	275
HUDER	233
CONDA	373
BLOCK ISLAND	216

Seattle Area

Flugplatz	Nord	Ost	Höhe	Fuel	ILS	ATIS
Alderwood Manor	21502	6670	500			
Arlington	21616	6737	137			
Auburn	21290	6586	57			
Bremerton	21407	6470	481			
Everett	21525	6665	603	F	109,3	128,65
Issaquah	21362	6668	500	F		
Monroe	21481	6738	50			
Olympia	21218	6343	206	F		124,4
Puyallup	21206	6534	530			
Port Angeles	21740	6375	288	F		122,8
Port Orchard	21373	6483	370			
Renton	21351	6612	29			
Seattle Boeing	21376	6596	17	F		127,75
Seattle Int.	21343	6584	429			118,0
Shelton	21535	6316	278			
Snohomish	21505	6711	16			
Spanaway Shady	21201	6501	425			
Spanaway	21215	6491	385			
Tacoma	21300	6480	292			

ILS Approaches: Everett ILS 16

Folgende NDBs sind einprogrammiert:

ELWHA	260
NOLLA	362
RENTON	353
CARNEY	274
MASON CO	348
GRAY	216
KITSAP	206

San Francisco Area

Flugplatz	Nord	Ost	Höhe	Fuel	ILS	ATIS
Alameda/Nimitz	17402	5102	13			
Antioch	17407	5295	185			
Chico	18158	5567	239			
Columbia	17269	5753	2116			
Concord/Buchanan	17449	5214	23	F		124,7
Fremont	17222	5177	4			
Fresno/Chandler	16671	5752	279			
Fresno/Air Terminal	16679	5795	331			
Garberville	18514	5010	544			
Half Moon Bay	17312	5004	67			
Hayward	17329	5145	47			
Little River/Mendoc.	18174	4895	571			
Livermore Muni.	17304	5247	397	F	110,5	
Lodi/Kingdon	17408	5460	16			
Lodi	17447	5503	59			
Marysville/Yuba	17840	5550	62			
Merced	16980	5608	154			
Minden/Douglas	17584	6104	4717			
Modesto City	17172	5518	98			
Monterey	16862	5069	243			
Mountain View/Moff.	17220	5134	34			
Napa Co	17571	5187	33			
Oakland Intl.	17365	5124	7	F	111,9	128,5
					108,7	126,0
Oroville	18003	5592	200			
Palo Alto	17245	5119	5			
Placerville	17591	5748	2585			
Porterville	16294	5898	443			
Red Bluff	18347	5500	348			
Reno/Cannon Intl.	17788	6176	4412			
Reno-Stead	17875	6169	5045			
Sacramento Metro	17681	5477	23	F		
Sacramento Exec.	17595	5482	23			
Salinas	16856	5161	85			
San Carlos	17281	5084	2			
San Francisco Intl.	17340	5060	10	F	109,5	118,85
San Jose Intl.	17185	5164	56	F	111,1	
San Jose/Reid-Hillv.	17160	5194	133			
San Rafael/Hamilton	17534	5082	3			
Santa Rosa/Sonoma	17756	5066	125			
Santa Rosa Air Cent.	17711	5066	98			

Lake Tahoe	17570	6016	6265
Stockton Metro	17312	5467	30
Tracy Muni.	17258	5366	192 F
Truckee-Tahoe	17761	6031	5901
Visalia	16454	5831	292
Watsonville	16995	5138	161
Willows-Glenn	18087	5409	138

ILS Approaches: Livermore   ILS 25
Oakland Intl.   ILS 11
Oaklang Intl.   ILS 29
San Francisco Intl.   ILS 28L
San Jose Intl.   ILS 12R

Folgende NDBs sind zu finden:

PROBERTA (Red Bluff)   338
SPARKS (Reno)   254
COLUMBIA   404
REIGA (Livermore)   374
PIGEON POINT (Woodside)   296
PAJAR (Watsonville)   327
CHANDLER (Fresno)   344
CASA DIABLO   260

Deutschland

Flugplatz	Nord	Ost	Höhe	Fuel	ILS	ATIS
Augsburg-Mühlhausen	17132	16657	1512			
Baden-Baden	17289	15893	403			
Donaueschingen	16943	15980	2227			
Egelsbach	17779	16028	384			
Frankfurt	17803	15997	364	F	110,7	
Friedrichshafen	16813	16258	1364			
Karlsruhe-Forchheim	17368	15935	380			
Mannheim-Neuostheim	17527	15993	308			
München-Riem	17016	16876	1738			
München-Neubiberg	16989	16858	1811			
Nürnberg	17586	16691	1046			
Stuttgart	17241	16176	1299			

ILS Approaches: Frankfurt   ILS 25L

Flugplatzverzeichnis

Frankreich

Flugplatz	Nord	Ost	Höhe	Fuel	ILS	ATIS
Abbeville	17998	14192	220			
Amiens Glisy	17862	14333	197			
Beauvais Tille	17692	14235	358			
Berck Sur Mer	18127	14142	30			
Bernay St. Martin	17598	13776	551			
Bretigny	17316	14253	269			
Caen Carpiquet	17673	13497	256	F		
Calais Dunkerque	18348	14272	10			
Chartres Champhol	17285	14011	508			
Cherbourg	17927	13245	456			
Deauville St.Gatien	17730	13680	479			
Dieppe St. Aubin	17915	13970	344			
Le Havre Octeville	17804	13672	312			
Le Mans Arnage	17125	13607	194			
Le Touquet	18165	14159	36	F		
Lille Lesquin	18138	14562	157	F		
Paris Charles d.G.	17490	14331	387	F	109,1	128,0
Paris Le Bourget	17471	14299	216			
Paris Orly	17372	14266	292			
Rouen Boos	17697	13970	515			
Straßburg	17188	15734	502			
Toussus Le Noble	17390	14194	538			
ILS Approaches:	Paris Charles de Gaulle ILS 28					

Anhang D

England

Flugplatz	Nord	Ost	Höhe	Fuel	ILS	ATIS
Bembridge/I.o.Wight	18356	13445	56			
Birmingham	19110	13388	325			
Bounemouth/Hurn	18426	13261	36	F		
Bristol	18709	13074	620			
Cambridge	18940	13857	49			
Cardiff	18743	12912	220	F		
Cranfield	18911	13649	364			
Exeter	18475	12846	102			
Gloucester	18896	13249	95			
Halfpenny Green	19155	13264	292			
Ipswich	18837	14108	128			
London Gatwick	18517	13709	203			
London Heathrow	18657	13660	79	F	110,3	121,85
Luton	18822	13703	525	F		
Lydd	18402	13992	10			
Manston	18549	14116	177			
Norwich	19102	14160	118	F		
Oxford Kidlington	18840	13458	269			
Shoreham	18391	13666	7			
Southhampton	18477	13397	43			
Southend	18663	13960	49			

ILS Approaches: London Heathrow   ILS 10L

E Abkürzungen

ACPI.
Aileron Control Position Indicator. Dieser zeigt an, in welcher Stellung sich die Querruder befinden.

ADF.
Automatic Direction Finder. Dieses Gerät wird benutzt, um die Richtung zu einem NDB festzustellen. Diese Richtung wird auf dem ADF-RMI angezeigt.

Alt. Altitude.
Englische Bezeichnung für Höhe. Gemeint ist die Höhe über dem mittleren Meeresspiegel (MSL).

A/S. Airspeed.
Geschwindigkeit des Flugzeuges gegenüber der Luft.

ATC.
Air Traffic Control. Dies ist der Begriff für die Flugleitung und die Fluglotsen.

ATIS.
Automatic Terminal Information Service. Dies ist die kontinuierlich abgestrahlte Wettermeldung, die das aktuelle Flugplatzwetter enthält. Sie wird meist alle halbe Stunde erneuert. Die ATIS wird entweder auf einer eigenen Frequenz ausgestrahlt oder auf die Ausstrahlung eines Funkfeuers aufmoduliert.

BC, BB. Backcourse, Backbeam.
Zwei Bezeichnungen, die dasselbe meinen, den Rückstrahl eines ILS, Landekurssenders. Der BC verläuft – ebenso wie der frontcourse – genau in der Landebahnmitte. Er kann somit für einen Anflug auf die dem ILS entgegengesetzte Landebahnrichtung verwendet werden.

CAS. Calibrated Airspeed.
Die um Anzeigefehler berichtigte Eigengeschwindigkeit des Flugzeuges gegenüber der Luft.

CDI. Course Deviation Indicator.
Dies ist das Anzeigegerät für ILS- oder VOR-Signale.

CH. Compass Heading.
Dies ist der am Kompaß abgelesene Steuerkurs des Flugzeuges.

CN. Compass North.
Dies bezeichnet die Nordrichtung des Kompasses. Durch Störfelder innerhalb des Flugzeuges kann sie erheblich von der magnetischen Nordrichtung (MN) abweichen.

COM. Communication.
Dieser Begriff wird hauptsächlich als Abkürzung für den Sprechfunkempfänger benutzt.

CPI. Control Position Indicator.
Da man mit Hilfe der Tastatur oder des Joysticks nicht feststellen kann, ob eines der Ruder ausgelenkt ist, sind die CPIs in das Instrumentenbrett integriert. Sie zeigen die Auslenkung eines Ruders direkt an.

DME. Distance Measuring Equipment, zu deutsch Distanzmeßgerät.
Hiermit kann man direkt die Entfernung zu einer VOR-Station ablesen, falls diese mit einem DME gekoppelt ist.

ECPI. Elevator Control Position Indicator.
Er zeigt an, wie stark das Höhenruder ausgelenkt ist.

FL. Flight Level.
Dies ist die Höhe des Flugzeuges, bezogen auf einen Standarddruck von 1013,2 hPa. Man spricht im Deutschen auch von Flugflächen.

fpm. Feet per minute.
Dies ist die Einheit der Steiggeschwindigkeit (Fuß pro Minute). Die Umrechnung in Meter pro Sekunde erfolgt mit der Beziehung: 1 m/s = 200 fpm.

ft. Feet.
Dies ist die Abkürzung für das überwiegend in der Fliegerei gebrauchte Längenmaß (1 ft = 0,33 m).

GS. Groundspeed.
Der Begriff bezeichnet die Geschwindigkeit des Flugzeuges über Grund. Bei gleichbleibender TAS ist die GS abhängig von der Windkomponente (Gegen- oder Rückenwind).

hPa.
Hektopascal ist die Einheit für den Druck (vormals Millibar).

IAS.
Indicated Airspeed bedeutet angezeigte Eigengeschwindigkeit. Dies ist also der Wert, der am Fahrtmesser angezeigt wird. Er beinhaltet bereits Instrumenten- und Einbaufehler.

IFR.
Instrument Flight Rules, zu deutsch Instrumentenflugregeln.

ILS.
Instrument Landing System, eine Übersetzung erübrigt sich hier.

IM. Inner Marker.
Der IM ist ein senkrecht strahlendes Funkfeuer, das kurz vor Beginn der Landebahn steht. Er wird jedoch nur bei Militärflugplätzen verwendet.

kts.
knots ist die Einheit der Geschwindigkeit (Knoten). Ein Knoten entspricht einer NM pro Sekunde, also 1,852 km/h.

LOC. Localizer.
Dies ist der Landekurssender eines ILS.

Abkürzungen 257

MH.
Magnetic Heading bezeichnet den Steuerkurs des Flugzeuges, bezogen auf die magnetische Nordrichtung.

MM. Middle Marker.
Der MM gehört zu dem System von Einflugfunkfeuern, die Positionen auf dem ILS definieren; s. a. IM, OM.

MN.
Magnetic North ist die auf den magnetischen Nordpol bezogene Nordrichtung. Der magnetische Nordpol ist nicht identisch mit dem geografischen Nordpol (TN).

MSL.
Mean Sea Level heißt auf deutsch mittlerer Meeresspiegel. Dies ist das Bezugsniveau des barometrischen Höhenmessers, der durch Einstellen des QNH dann die Höhe über MSL anzeigt.

NAV
ist die Abkürzung für Navigation. Sie wird meist im Zusammenhang mit den Navigationsfunkfeuern gebraucht (z. B. NAV 1).

NDB. Non Directional Beacon.
Ungerichtetes Funkfeuer; s. a. ADF.

NM.
Nautical Mile, Seemeile. 1 NM = 1,852 km.

OM. Outer Marker.
Einflugsfunkfeuer auf dem ILS; s. a. MM, IM.

QDM.
Abkürzung für den auf magnetisch Nord bezogenen Steuerkurs, der zu einer Funkstation führt.

QDR.
Abkürzung für den auf magnetisch Nord bezogenen Steuerkurs, der radial von einer Funkstation wegführt. Es ist also: QDR = QDM ± 180.

QNH
ist der auf MSL zurückberechnete aktuelle Luftdruck am Flugplatz. Ein Beispiel: Der Luftdruck in Frankfurt beträgt 1000 hPa. Die Höhe über MSL ist 360 ft. In MSL würde sich nun ein Luftdruck von 1012 hPa errechnen lassen. Dies wäre das QNH.

RB. Relative Bearing.
Das RB ist die relative Lage einer Funkstation zur Flugzeuglängsachse. Liegt die Station genau rechts vom Flugzeug, ist RB = 90 Grad.

R/C. Rate of Climb.
Steigrate des Flugzeuges in fpm.

R/D. Rate of Descent.
Sinkrate des Flugzeuges in fpm.

RMI.
Radio Magnetic Indicator, Zeigerinstrument für den VOR-Empfänger.

rpm.
rounds per minute. Drehzahlangabe in Umdrehungen pro Minute.

SSR.
Secondary Surveillance Radar, Sekundärradargerät. Mit Hilfe des SSR-Transponders können der Radarstation Informationen wie z.B. Flughöhe übermittelt werden.

TAS. True Airspeed.
Wahre Eigengeschwindigkeit des Flugzeuges gegenüber der Umgebungsluft.

TH. True Heading.
Steuerkurs der Maschine, bezogen auf die wahre (geografische) Nordrichtung.

TN. True North.
Wahre Nordrichtung (geografisch Nord). TN ist immer parallel zu den Längengraden.

VASI. Visual Approach Slope Indicator.
Dies bedeutet soviel wie sichtbarer Gleitweganzeiger. Die VASIs sind Lampensysteme, die durch Rot- bzw. Weißfärbung anzeigen, ob man unter oder über dem Gleitweg fliegt.

VFR.
Visual Flight Rules, zu deutsch Sichtflugregeln.

VOR. Very high Frequency Omnidirectional Radio Range.
UKW-Drehfunkfeuer, das für die Funknavigation am gebräuchlichsten ist.

V/S. Vertical Speed.
Vertikalgeschwindigkeit (Steigen oder Sinken), gemessen in fpm.

Literaturverzeichnis

ARTWICK, B. A.: Microsoft Flight Simulator
Microsoft, 1988

ALLEN, J. E.: Aerodynamik
München: Hans-Reich-Verlag, 1970

BECKER, E.: Technische Strömungslehre
Stuttgart: B. G. Teubner, 1974

KÜHR, W.: Der Privatflugzeugführer
Schiffmann, 1975

IBM: Technisches Handbuch
IBM Deutschland Produkt Vertrieb
1983

Skripten der Lufthansa Verkehrsfliegerschule Bremen

Quellenhinweis

Der Abdruck der Bilder 9.7, 9.8, 9.12, 9.16, 11.1 bis 11.7 (Anflugpläne), 10.1 und 10.2 (Zeichen, Bezeichnungen und Erklärung der Zeichen auf den Anflugkarten) sowie der im Anhang befindlichen Auszüge aus Original-Luftfahrtkarten erfolgte mit freundlicher Genehmigung der Firma Jeppesen & Co. GmbH, Frankfurt/Main.

Stichwortverzeichnis

A
Achsenanzeiger   184
ADF   65, 84, 206
ailerons   31, 35
Air Traffic Control   68
Aircraft Library   174
– Design   231
– Name   235
Airplane Color   169
airspeed   55, 109
airspeed indicator   54
altitude   104, 144, 187
approach   121, 126
approach briefing   143
– charts   137
– fix   124, 125
– lighting   236
ATC   68
ATIS   66, 97
Auftrieb   22 ff.
Auftriebshilfen   34, 39
Auto Coordination   38, 195
Autopilot   170, 204, 206
Axis Indicator   184

B
Bank   58
Barometer Drift   198
Baud-Rate   170
Beobachterflugzeug   186
Bernoulli   22
Blickrichtung   183
Bodenstruktur   194
Bogenminute   72
Bordbuch   167
briefing   143

C
CAS   55
CDI   61, 75, 78
Center of Gravity   234
– of Lift   234
CFPD   171, 179
clouds   191
Cloud Build up   237
Color Design   233
COM   66, 69
COM Radio   205
COM-Port   170
Control Position Indicator   196
CONVERTS.EXE   202
Course Plotting   165
Crash   194
Create Mode   173
Crop Duster   171

D
Demo/Demonstration   171
Demo-Aufzeichnung/Recorder   177
Deviation   73

direction 183
dial 169
Dihedral 231
DME 57, 60, 83
Doseninstrumente 54
Drehzahlmesser 46, 47, 62
Drift (Barometer, Gyro) 197, 198
Drosselklappe 198
Dry Weight 234
durchstarten 93, 94, 129
Dynamic Scenery 238

E
EFIS 171, 179
elektronische Instrumente 54
Elev Trim 197
elevator 36, 99
engine 197
Enroute Charts 137, 138
Entertainment 167
Enviro-Menu 189
Experimental Aircraft 230

F
Fahrtmesser 54, 55
Fast Throttle 198
Fenster 184 ff.
File Name 235
final approach 121
flaps 34, 39
Fluganalyse/Flight Analysis 165
Fluganweisungen/Flight Instruction 166
Flugzeug 172
Flugzeug senden 168
Flugzeugfarbe 169
Formation 170
Frontal Area 235
Front Drift 238
Fuel Capacity 234

G
Gear 235
Geschwindigkeitsmesser 53, 105
Gewitter 191

Gleitpfad, Gleitweg 130 ff.
Glühbirne, durchgebrannt 197
Grobverstellung 204
Ground Texture 194
groundspeed 55, 83
Gyro Drift 197

H
Hammerhead 216
heading 73, 103
Hektopascal 56, 67
Höhenmesser 53, 56, 58
holding 113 ff.
Horizontal Stabilizer 233

I
IAS 55
ILS 93, 129 ff.
Immelmann 215
initial approach 121
Instrumente 199
Instrumentenbeleuchtung/ Lights 198
intermediate approach 121
intersection 83, 119, 121

J
Jet 218
Joystick 34 ff., 102, 199

K
Kartenanzeige 203
Keyboard 200
Knoten 54
KOM Anschluß 170
KOM Radio 205
Koppelnavigation 83
Kraftstoffanzeige 46, 62
Kreiselinstrumente 54, 58
Kugellibelle 59, 60
Kunstflug 213
Künstlicher Horizont 53, 58, 99
Kurskreisel 53, 58
Kurskreisel-Abweichung 197
Kursplotting 165

Stichwortverzeichnis

L
Landkarten 137
Landeanalyse/Landing Analysis 165
latitude 138
Learjet 21
Libelle 59
Light Burn 197
LOC 126, 140
LOC back course 140
logbook 167
LOM 140
longitude 138
Looping 214

M
Machzahl 25 ff.
Magnus-Effekt 22
main nav aid 119
Manöveranalyse/Maneuver Analysis 166
Map Display 203
marker beacons 130
Maschine 197
Maus 16, 199, 207
MDA 129
MEA 138
Meridian 72
messages 169
missed approach 143
MM (middle marker) 131
Modus/Mode 172
Modus-Bibliothek/Mode Library 175
Modus-Menü/Mode Menu 163
Modem 167
MORA 140
Mouse 16, 199, 207
MSL 92
Multi Player 167

N
Nachrichten 169
NAV 63 ff.
NAV Radio 205
NAV/KOM-Menü / NAV/COM Menu 201

Navigation 71
Navigationsempfänger 53, 60 ff.
Navigator 221
Neustart 173
NDB 63 ff., 86 ff.
non precision approach 126
Normalflug/Normal Flight 165

O
Öldruckmesser 46, 62
Öltemperaturmesser 46, 62
OM (outer marker) 131
On-Line 168

P
Partial Panel 199
Pause 195
pitch 58, 99 ff.
Plane 172
Platzrunde 95
Position einstellen/set 205
Positionsanzeiger 196
Power 233
precision approach 93, 126
procedure turn 121, 123
Propulsion 233

Q
Quit 172

R
radar view 48
Radial 75 ff.
Radios 60, 63
rate one turn 114, 124
Rauchsystem 196
Realität/realism 196
reliability 198
reporting point 140
Reset 173
RMI 75 ff., 84
rudder 37

S
Save Aircraft 235

Scenery 202
Schraffur 185
Season 189
Send Aircraft 168
Shader 185
Sicht-Menü 180
Sim-Menü 193
Slew 204
Slip, slippen 37, 109
Smoke System 196
Sound 195
Span (Wingspan) 232
Split-S 217
Spot Plane 186
Sprühfliegen 171
Squawk 68 ff.
stall 23, 39
stallwarning 55
Stars 190
Startup Mode 176
steep turns 108
Sterne 190
Streckenkarten 137
Szenerie 202
Scenery Frequency 238

T
TACAN 140
Tail Area 232
TAS 25, 55
Tastatur 200
Throttle 46, 62, 102
Thunderstorms 191
Time Set 190
Titles 185
Ton 195
Tower-View 185
Traffic 239, 240
transition altitude 92

Transponder 68, 205
Trimmung 34, 41 ff., 197
Turbulence 238
Turmaussicht 185

U
Uhr stellen 190
Unterhaltung 167
Umwelt-Menü 189
UTC 67

V
Variation 73, 138
Variometer 53, 57, 106
VASI 230
Vergaservorwärmung 47
VFR 89 ff.
Views-Menü 180
VOR 63, 74 ff., 81
VORTAC 140

W
wählen 169
Warteschleifen 113
Wendezeiger 38, 53, 59, 107
Weltkrieg/World War 1 171, 211
Wind 192
Wind changes 238
Windows 184 ff.
Winglets 232
Wolken 191

Y
yoke 34, 99

Z
Zoom 183
Zulu 67
Zuverlässigkeit 198
Zwei Spieler 167

CHIP WISSEN

Die kompetente Reihe rund um den PC

Biethan, Gunter
Systemprogrammierung unter MS-DOS/PC-DOS
480 Seiten, 88 Bilder,
ISBN 3-8023-**0178**-1

MS-DOS/PC-DOS kurz und bündig
Versionen 2.1 bis 3.3
248 Seiten, 13 Bilder
ISBN 3-8023-**0866**-2

Teege, Frank
Hoffmann, Michael
Schneller erfolgreich mit Lotus Symphony
Versionen bis 2.0
360 Seiten, 113 Bilder,
ISBN 3-8023-**0865**-4

Teege, Frank
Schneller erfolgreich mit Lotus 1-2-3
Versionen 1.0, 1A bis 2.01
240 Seiten, 80 Bilder
ISBN 3-8023-**0803**-4

Kretschmer, Bernd
Multiplan 3.0 auf dem IBM-PC und MS-DOS-Rechnern
384 Seiten, 268 Bilder,
ISBN 3-8023-**0883**-2

Vogel Buchverlag
Postfach 67 40
D-8700 Würzburg 1

Den „CHIP-Katalog" und das Verzeichnis „Technik Fachbücher" erhalten Sie kostenlos!

CHIP WISSEN

Die kompetente Reihe rund um den PC

Beilstein, Hans-Walter
Wie man in C programmiert

504 Seiten, 143 Bilder
ISBN 3-8023-**0189**-7

Bitsch, Gerhard
Programmieren mit LISP auf dem Personalcomputer

Eine Einführung
228 Seiten, 37 Bilder
ISBN 3-8023-**0182**-X

Grothaus, Manfred
Gust, Helmar
Turbo Prolog

Einführungen · Anwendungen
Vergleich mit anderen Systemen
184 Seiten, zahlr. Bilder
ISBN 3-8023-**0193**-5

Geise, Thomas
Programmieren mit Turbo Pascal

Versionen 4.0/5.0
276 Seiten, 149 Bilder
ISBN 3-8023-**0190**-0

Rotermund, Hermann
Professionelle Textverarbeitung mit Personalcomputern

Ein Ratgeber für die Auswahl des richtigen Programms
208 Seiten, 2 Bilder
ISBN 3-8023-**0889**-1

Vogel Buchverlag
Postfach 67 40
D-8700 Würzburg 1

Den „CHIP-Katalog" und das Verzeichnis „Technik Fachbücher" erhalten Sie kostenlos!

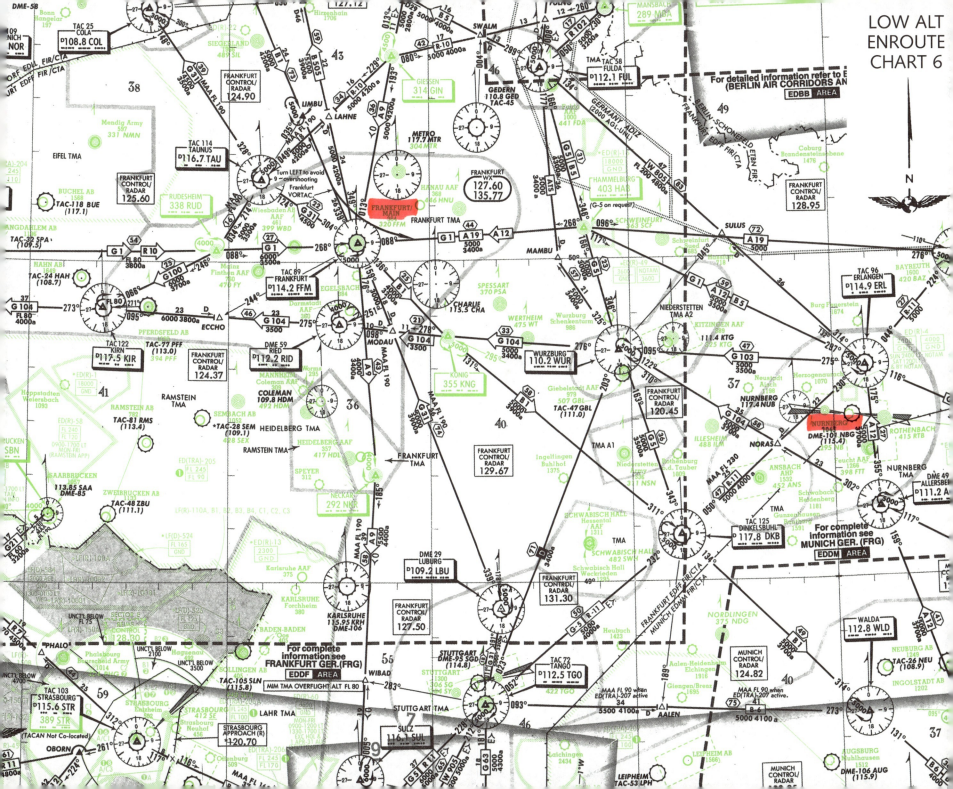

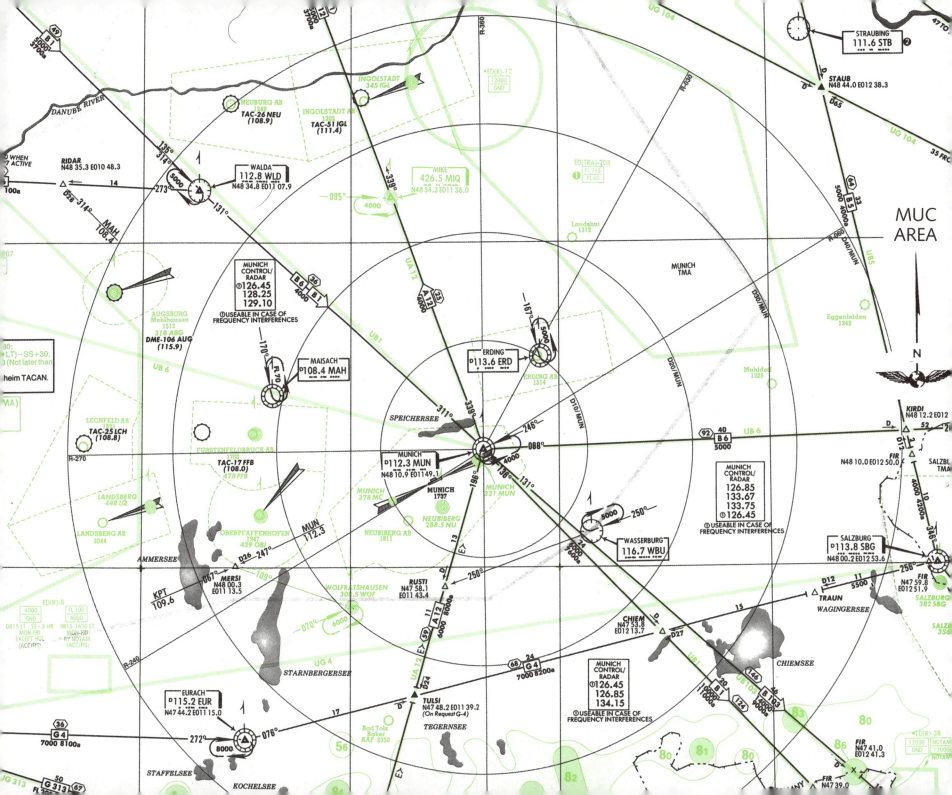

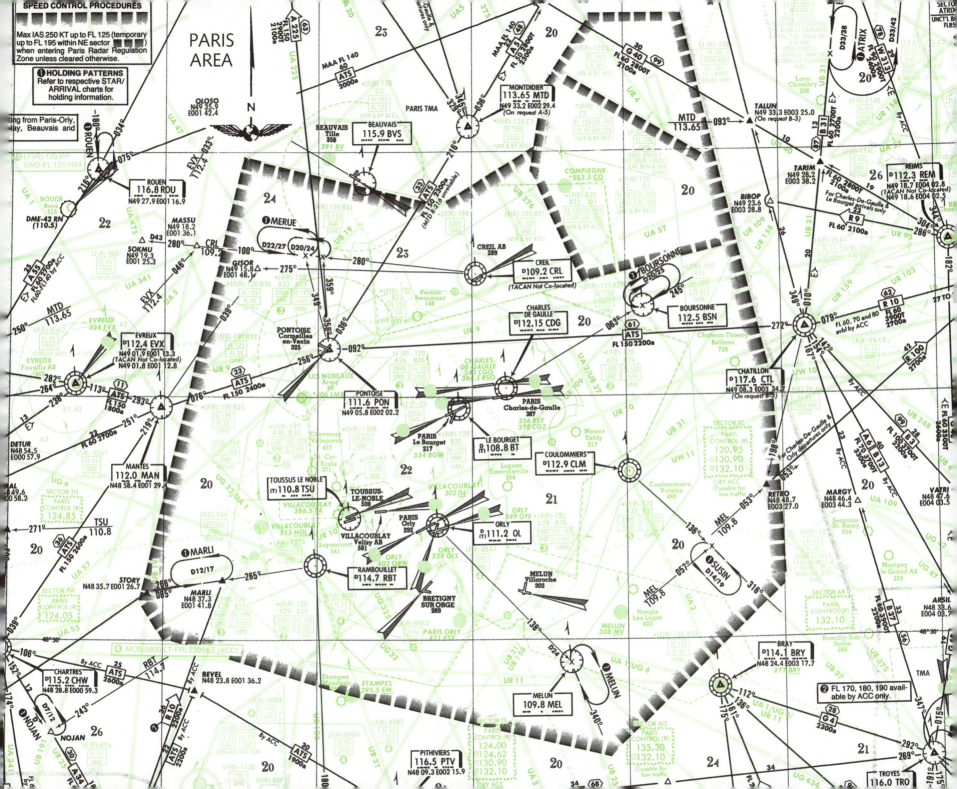

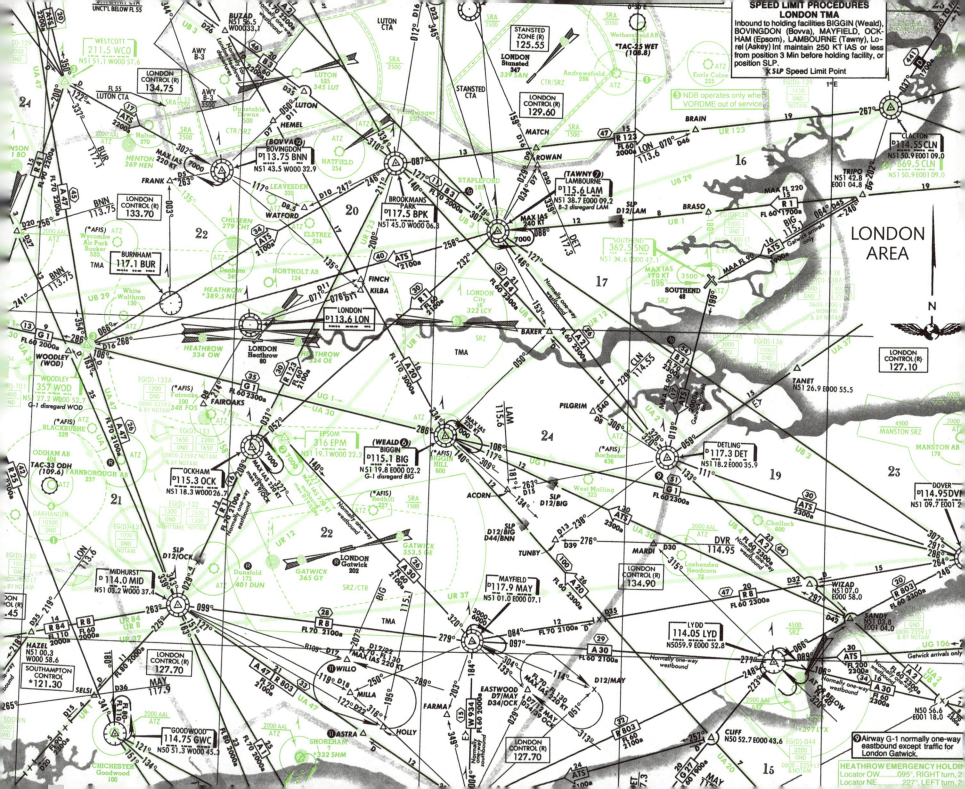

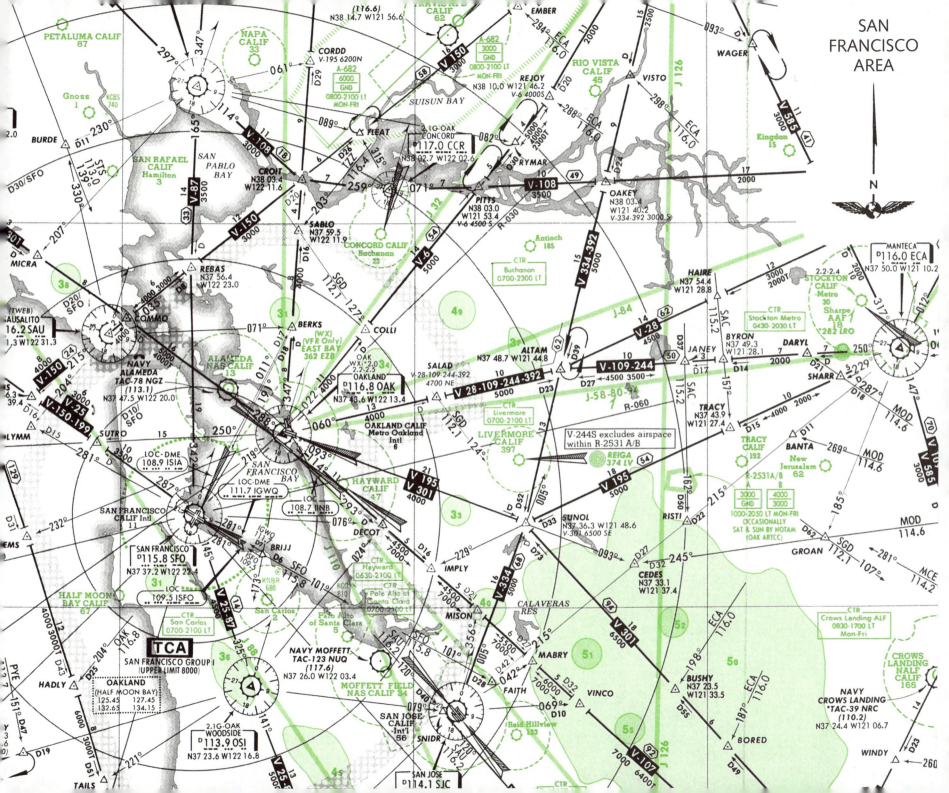